KAWADE
夢文庫

読めそうでギリギリ読めない漢字

日本語倶楽部［編］

河出書房新社

いわゆる難読漢字ではないのに〝読み間違いやすい漢字〟が大集合！――はじめに

この本で紹介した言葉の大半は「小・中学校で習う漢字」で構成されている。というと、「小・中学校の漢字なら、ラクラク読めますよ」という人が多いかもしれない。でも、本当にそうだろうか。じつは、小・中学校で習う漢字にも、意外な難物がひそんでいるのだ。

たとえば、「多人数」は「おおにんずう」ではないし、「二分する」は「にぶする」とは読まない。また、「逃す」と「逃がす」、「美味しい」と「美味い」では読み方が違うのだが、あなたは、正しく読み分けられるだろうか。

このように「小・中学校で習う漢字」が思いのほか、読み誤りやすい大きな理由は、それらの漢字に複数の音読み、訓読みがあるから。

たとえば、「一」は「いち」とも「ひと」とも読み、「大」は「だい」とも「おお」とも読む。そこで「一段落」を「ひとだんらく」、「大時代」を「だいじだい」のように、間違って読む人が現れるというわけだ。

いっけん読めそうで「ギリギリ読めない漢字」を集めた本書で、あなたの漢字力にさらに磨きをかけていただければ幸いです。

日本語倶楽部

読めそうで ギリギリ 読めない漢字　もくじ

1 小・中学校で習うのに読み間違える漢字

2 誤読の定番だからこそマスターしたい漢字

3 よく口にするのに意外と読めない漢字

協力●オフィスGEN

1章
小・中学校で習うのに読み間違える漢字

凝り　狭霧　飛白　手繰る　清拭　刃傷　健気　間尺　生半　謎語　堪

え性　空一面　傾げる　宜しく　好一対　作務衣　母平均　斑入り　開け閉て

忙しない　仰け反る　好事家　気触れ　疎ら　肉刺　詳らか

三行半　教唆　完膚　羊歯　努々　論う　首途　熱っぽい　生成り　固

睡　動もすれば　木耳　調伏　流離う　仰け反る　濃やか　湯湯婆　生

賢しい　幾許　狼煙　楔形文字　漁火　与する　質す　象る　一家

言　浜木綿　世子　偶さか　点す　投網　迷い子　凡聖　星月夜　空元

気端金　軽々に　正一位　声高　遅払い　寄生木　淡口　七曲り　黙

示録　確　空きっ腹　素案　折角

泡銭　強　没義　右左右　九十路　温州みか　野合戦　空集合　強ち

店子　主　目深　紅型　挙って　師

走　柚餅　細雪　心太　木枯らし

曲尺　弄　乾門　殺める　素知ら

ぬ　都度　長ける　口伝　後込み　十八番　競る　利く　降灰　手強い

読めないとさすがに恥ずかしい漢字

十四

前半

（日中）両国

商家

「じゅっぴき」ではなく「じっぴき」と読む。「十中八九」「十把一からげ」など「十」の促音(そくおん)は「じっ」と読むことが多い。

〔じっぴき〕

前の半分。「前半戦」など。「ぜんぱん」と読んでも間違いではないが、辞書は「ぜんはん」を見出し語にし、放送局も「ぜんはん」と清音で読んでいる。

〔ぜんはん〕

両方の国。普通名詞として使う場合は「りょうこく」。一方、東京の地名は「りょうごく」と濁(にご)らず読む。

〔りょうこく〕

商売を営んでいる家。「家」には「か」「け」「や」の三つの読み方があり、その読み分けは一つずつ覚えるしかない。×しょうけ。

〔しょうか〕

発足

自力

思惑

元凶

年俸

多人数

小人数

出発すること。組織などが設けられ、活動を始めること。〈**ほっそく**〉

自分一人の力。独力。「自力更生」「自力優勝する」など。×じりょく。〈**じりき**〉

思うところ。意図。見込み。×しわく。〈**おもわく**〉

災いのもと。悪事の中心人物。「チーム低迷の元凶」。×がんきょう。〈**げんきょう**〉

1年ごとに決める給与。「年俸制」など。「ねんぼう」と読むのはよくある誤読。〈**ねんぽう**〉

多くの人数。「おおにんずう」と読むのは、「大人数」のほう。「たにんず」とも。〈**たにんずう**〉

すこしの人数。「しょうにんずう」と読むのは、「少人数」のほう。「こにんず」とも。〈**こにんずう**〉

入会
二乗
早急
異形
柔和
直筆

「にゅうかい」は、会に入ること。「いりあい」と読むと、地域の人々が共同で山林などを利用する権利。「入会権（いりあいけん）」などと使う。

〔にゅうかい〕〔いりあい〕

同じ数を掛けること。なお、「じじょう」と読むのは「自乗」のほう。

〔にじょう〕

急いで、間を置かずに。「早急に善処する」など。「そうきゅう」と読む人が増えているが、辞書は「さっきゅう」を見出し語にしている。

〔さっきゅう〕

ふつうとは違った姿形。「異形の者」。×いけい。

〔いぎょう〕

やさしく、おだやかであるさま。「柔和な表情を浮かべる」など。

〔にゅうわ〕

本人が直接書いたもの。「直筆原稿」など。

〔じきひつ〕

悪寒
ぞくぞくする寒け。「悪寒がする」「悪寒が走る」など。
〔おかん〕

形相
顔つき。「形相が変わる」「鬼の形相」など。
〔ぎょうそう〕

健気
力や立場の弱い者が懸命に努めるさま。「健気な振る舞い」など。
〔けなげ〕

重用
ある人を重んじて使うこと。「子飼(こがい)の部下を重用する」など。
〔ちょうよう〕

消耗
使い切ってなくなること。本来は「しょうこう」と読むが、慣用読みの「しょうもう」が定着している。「体力を消耗する」「消耗品」など。
〔しょうもう〕

御用達
宮中・官庁に商品を納めること。また、その商品。「ごようたつ」とも。
〔ごようたし〕

発端
物事の始まり。「事の発端」など。
〔ほったん〕

終値
株式市場の取引で、午前・午後の取引の最終価格。×しゅうね。〔おわりね〕

相殺
互いに差し引きして帳消しにすること。×そうさつ。〔そうさい〕

凡例
辞書などの初めにあって、使い方や構成などを箇条書きで記した部分。なお、同音の「判例（はんれい）」は、裁判の先例のこと。×ぼんれい。〔はんれい〕

十八番
得意なこと。歌舞伎（かぶき）の市川家が得意とする芝居が一八あり、その台本を箱に入れて大切に保管したことから。〔おはこ〕〔じゅうはちばん〕

非力
体力や能力がないこと。「非力なリーダー」など。×ひりょく。〔ひりき〕

体裁
外から見た感じ。世間体。「体裁ぶる」「体裁が悪い」など。

員数
人や物の数のこと。「員数合わせ」など。〈いんずう〉

間隙
空間や時間の隙間。「間隙を突く」は、敵陣などに、ふとできた隙間を突くこと。〈かんげき〉

種々
種類の多いさま。「種々雑多」など。×しゅしゅ。〈しゅじゅ〉

排斥
おしのけ、しりぞけること。「外国製品を排斥する」など。「斥ける」で「しりぞける」と読む。〈はいせき〉

千々
さまざまに。数がきわめて多いこと。「千々に乱れる」など。〈ちぢ〉

一段落
物事にひと区切りがつき、片づくこと。×ひとだんらく。〈いちだんらく〉

会得
理解して身につけること。「極意を会得する」。〈えとく〉

大時代
好悪
風体
京葉
下期
解毒
支度

古めかしくて、大げさなこと。歌舞伎の「大時代物」（平安時代の朝廷・公卿などの世界を題材にした物語）に由来する言葉。×だいじだい。〔おおじだい〕

好き嫌い。「好悪が分かれる」など。〔こうお〕

身なりのこと。「見慣れぬ風体の人物」など。〔ふうてい〕

東京と千葉のこと。「京葉道路」「京葉線」「京葉工業地帯」などと使う。〔けいよう〕

一年を二期に分けたときの後半の半年間。×かき。「下期の決算」など。一方、前半の半年間を意味する「上期」は「かみき」と読む。〔しもき〕

体内に入った毒を無毒にすること。「解毒剤」。〔げどく〕

用意。準備。雨支度、旅支度、身支度、逃げ支度、支度金など。「度」には「たく」「と」「ど」の、三つの音読みが

成就
見参
既存
月極
工面
進捗

ある。〈したく〉

成しとげること。「長年の願いを成就する」。〈じょうじゅ〉

面会することの謙譲語。参上して目上の人に会うこと。もともと「げんざん」と読み、こちらを見出し語にしている辞書もある。「けんざん」は近年の読み方。〈げんざん〉〈けんざん〉

すでに存在すること。俗に「きぞん」とも。〈きそん〉

一か月を単位として契約すること。「月極駐車場」「月極で借りる」など。〈つきぎめ〉

工夫、算段。金銭関係でよく使う言葉で、「運転資金の工面がつかない」「学費を工面する」など。〈くめん〉

物事が進み、はかどること。「進捗状況」など。「捗る」で「はかどる」と読む。〈しんちょく〉

風情

破綻

病巣

川面

正夢

知己

憲法十七条

風雅な趣（おもむき）。「風情を感じさせる」など。〔ふぜい〕

やぶれ、ほころびること。修復不能な状態に陥ること。「破綻をきたす」「論理が破綻する」など。「綻ぶ」で「ほころぶ」と読む。〔はたん〕

病気におかされている部分。他に、営巣、帰巣、精巣、卵巣は「そう」と読む。〔びょうそう〕

川の水面。「涼しい風が川面を吹きわたる」など。〔かわも〕

夢に見たことが現実になること。対義語は「逆夢（さかゆめ）」。〔まさゆめ〕

もとは、自分のことをよく理解してくれている親友を表す。今は単に知り合い、知人という意味でも使う。「懐かしい知己と出会う」など。×ちこ。〔ちき〕

推古（すいこ）天皇一二年（六〇四）に聖徳太子が制定したという一七

条からなる〝憲法〟。×けんぽうじゅうななじょう。〈けんぽうじゅうしちじょう〉

読点

文中で使う「、」のこと。「。」は句点で、合わせて「句読点」。〈とうてん〉

県境

県と県との境。辞書では「けんきょう」ではなく、「けんざかい」を見出し語にしている。〈けんざかい〉

数的

数の上では。「数的優位に立つ」などと使う。×かずてき。〈すうてき〉

立食パーティ

送り仮名をつけない場合は「りっしょく」と読む。「立ち食いそば」などと送り仮名をおくると「たちぐい」。×たちぐいパーティ。〈りっしょく〉

悪戯

悪ふざけ。面白半分に人が困るような行いをすること。「子供の悪戯」「悪戯が過ぎる」など。〈いたずら〉

このくらいはすんなり読みたい漢字◆其の一

二分する

二つに分けること。「天下を二分する形勢」など。動詞として使う場合は「にぶん」、時間は「にふん」、お金の単位の場合は「にぶ」と読む。

〈にぶんする〉

相見える

対面する。「両雄(りょうゆう)相見える」など。×あいみえる。

〈あいまみえる〉

手強い

容易には勝てないほどに、強いさま。「手強い相手」など。×てづよい。

〈てごわい〉

罷免

公職をやめさせること。「大臣を罷免する」など。

〈ひめん〉

生温い

中途半端に温かいさま。十分でない。てぬるい。「生温い風」「生温い処置」など。「なまあたたかい」と読むのは「生温かい」と送り仮名を送った場合。

〈なまぬるい〉

弾劾
被る
獣道
焦れったい
真っ向
後込み
利く
料簡

不正や犯罪を追及すること。「弾劾裁判」など。〔だんがい〕

被害などを身に受ける。「痛手を被る」など。〔こうむる〕

獣が山中を行き来するうち、自然にできた道。〔けものみち〕

思うようにいかず、イライラする。「優柔不断な態度を焦れったく思う」など。〔じれったい〕

真正面のこと。「真っ向勝負に出る」など。〔まっこう〕

気後れして、後ろへ下がること。「尻込み」とも書く。〔しりごみ〕

効果や働きが現れる。「機転が利く」「鼻が利く」「パンチが利く」など。〔きく〕

考え。「料簡が違う」「料簡が狭い」など。〔りょうけん〕

睦言
得体
美味しい
美味い
不味い
微か
仕える

親しい男女が寝室などで交わす言葉。〈むつごと〉

本当の姿。正体。「得体が知れない」は、本性がわからないこと。〈えたい〉

味がよいこと。そこから、自分にとって有利な事柄に関して「美味しい話」などとも使う。〈おいしい〉

送り仮名が一字減ると、「うまい」と読む。「美味い汁を吸う」は、労せずして得をすること。「旨い」とも書く。×おいしい。〈うまい〉

おいしくない。よくない。「不味い料理」「不味い事態」など。〈まずい〉

やっと感じとれるほど。「微かな記憶」「微かな物音」など。〈かすか〉

目上の人のために働く。「首相に仕える」「社長に仕える」

「すまじきものは宮仕え」など。〔つかえる〕

きめ細か

「細か」は「こまか」、「細やか」は「こまやか」と読む。「きめ細かな采配（さいはい）」など。〔きめこまか〕

変体仮名

一般的に用いられている平仮名とは違う字体の仮名。「変態仮名」と誤変換しないように。〔へんたいがな〕

凝視

じっと見つめること。「相手の顔を凝視する」。×ぎし。〔ぎょうし〕

昔年

むかし。「昔日」も同様の意味。なお、「積年」は意味の違う言葉で、積もり積もった年月のこと。「積年の思い」はこちらを使う。〔せきねん〕

走井

清水（しみず）がほとばしるようにわき出る泉。〔はしりい〕

末吉

おみくじで、「末の吉」（吉のなかでは一番下）で、後に吉となる運勢。〔すえきち〕

節する

手綱

香ばしい

潔い

日向

控えめにする、節約する、節制する、という意。「摂する」（摂取する、代理する、もてなすなどの意）とは、意味の違う語なので、書き分けに注意。
〈せっする〉

馬を操るため、轡(くつわ)につける綱。そこから、人や組織を動かす手かげんという意にも使う。「手綱をとる」「手綱を締める」など。×てづな。
〈たづな〉

焦げた感じのいい匂いがする。「香ばしいかおり」など。
〈こうばしい〉

思いきりがよく、未練がましくない。「潔く辞任する」など。
〈いさぎよい〉

日の当たるところ。比喩(ひゆ)的に恵まれた境遇・環境。または人目につく所。「日向ぼっこ」「陰日向なく尽くす」など。地名の場合は「ひゅうが」と読む。
〈ひなた〉

凹地

周囲よりも低くなっている土地。要するに、くぼんでいる土地。「窪地」とも書く。〈くぼち〉

他愛ない

とるにたらないさま、手応えがないさま。「他愛ない話」「他愛なく負ける」など。「他愛」と書くのは当て字。×たあいない。〈たわいない〉

流石

何といっても。やはり。予想どおり、評判どおり、という気持ちを表す副詞。「流石にうまいものですね」「流石の腕前」など。〈さすが〉

戒める

教えさとす。つつしませる。「同じミスを二度とおかさないよう戒める」など。〈いましめる〉

意気地

何かを成し遂げようとする気力。「いきじ」が音変化した語で、「こんなことでへこたれるとは意気地がない」「意気地なし」などと使う。〈いくじ〉

初陣

戦いに初めて出ること。「新人選手が初陣を飾る」など。〔ういじん〕

定宿

その土地に行くときは、決まって泊まる宿。「○○ホテルを定宿にしている」など。「常宿」とも書く。〔じょうやど〕

勤しむ

精を出す。熱心に励む。「勉学に勤しむ」「日夜勤しむ」など。〔いそしむ〕

流罪

罪を犯した者を遠い土地へ流す刑。「流刑」は「るけい」と読む。〔るざい〕

気質

きごころ、気性のこと。「名人気質」「職人気質」など。「きしつ」とも読む。〔かたぎ〕

産湯

新生児を初めて入浴させること。「産湯を使う」など。〔うぶゆ〕

労る

弱い立場にある人に親切に接すること。養生すること。「病

床の妻を労る」「体を労る」など。〔いたわる〕

解せない

納得いかない。理解できない。「それは解せない話だ」など。〔げせない〕

突飛

唐突で、思いもよらないさま。「突飛なアイデアを思いつく」「突飛な服装」など。〔とっぴ〕

逃す

「逃す」は「のがす」と読み、「逃がす」は「にがす」と読む。したがって、「見逃しの三振」は「逃す」を使う。×にがす。〔のがす〕

無勢

「無」の字がつくが、人がいないことではなく、人数が少ないこと。「多勢に無勢」は、相手が大勢、こちらは少数で、勝ち目がないさま。〔ぶぜい〕

端緒

物事の始まり。きっかけ。「たんちょ」は慣用読み。「端緒をつかむ」は、きっかけをつかむこと。〔たんしょ〕

客種

諸共

全うする

熱っぽい

羽衣

布衣

客筋、客の種類。「客種のいい店」などと使う。重箱読み（じゅうばこよみ）（上の字を音読み、下の字を訓読みにすること）にする。

〔きゃくだね〕

行動を共にするさま。「死なば諸共」など。

〔もろとも〕

完全に果たす。「天寿を全うする」「初志を全うする」など。

〔まっとうする〕

熱情のこもったさま。発熱している感じがあるさま。「新規のプロジェクトについて熱っぽく語る」。×あつっぽい。

〔ねつっぽい〕

天女が着て、空を飛んだと伝えられる鳥の羽でつくったという衣。「羽衣の舞」「羽衣伝説」など。

〔はごろも〕

もとは、庶民が着る麻布製の衣服。そこから紋の入っていない狩衣（かりぎぬ）（昔、公家（くげ）が着用した略服）のこと。

〔ほい〕

成れの果て
落ちぶれた結果。「教師、生徒の成れの果て」など。
〔なれのはて〕

奥付
本の巻末にある著者名や出版日、増刷回数などを記した部分。
〔おくづけ〕

降灰
「灰」は、音読みが「かい」で、訓読みが「はい」。漢熟語は「かい」と読むことが多く、「降灰」は火山灰が降ること。×こうばい。
〔こうかい〕

掛け詞
和歌などで使う、一つの言葉に二つの意味をもたせる技法。「懸け詞」とも書く。
〔かけことば〕

手向ける
神仏や死者の霊に品物を供える。「手向けの花」など。
〔たむける〕

翻す
裏返しになる。言動や態度が急に変わる。風になびかせる。「手のひらを翻す」「旗を翻す」など。
〔ひるがえす〕

このくらいはすんなり読みたい漢字◆其の二

博士課程

一般的には「はかせかてい」とも読まれるが、大学の「学位規則」に基づく正式な称号名としては「はくし」と読む。

〈はくしかてい〉

他人事

自分とは関係のないこと。もとは「人事」と書いたが、それでは「じんじ」と混同するため、「他人事」と書くようになった語。したがって「たにんごと」ではなく、「ひとごと」と読む。

〈ひとごと〉

店屋物

飲食店で売っている食べ物。おもに、出前をさす。「店屋物をとる」「店屋物ですませる」など。

〈てんやもの〉

空返事

人の話をちゃんと聞かないで、いいかげんにする返事。広辞苑が「そらへんじ」「からへんじ」をともに見出し語にす

るなど、読み方が定まっていない言葉。〔そらへんじ〕〔からへんじ〕

上向き

上に向いていること。物事が上昇する傾向。辞書は「うわむき」を見出し語にしている。×うえむき。〔うわむき〕

底意

隠された心の奥にある考え。したごころ。事実上、「悪意」に近い意味に使われ、「彼の底意はよくわかりません」などと用いる。〔そこい〕

治る

病気やけがが回復する。「おさまる」と読むのは「治まる」。〔なおる〕

悪し様

悪意をもって見るさま。おもに、悪く言い立てるさまに使い、「悪し様に言う」「悪しざまにののしる」など。〔あしざま〕

興ずる

面白がること。「遊びに興ずる」など。〔きょうずる〕

七変化

姿をいろいろに変えること。アジサイの別名でもある。もとは、一人の役者が早変わりしながら踊り分ける変化舞踊。×ななへんげ。

〔しちへんげ〕

因業

もとは仏教語で、結果を生む原因（因）となる行為（業）のこと。今は、前世の悪業が原因で招いた悪い性格という意で、頑固（がんこ）で思いやりのないさまを意味する。「因業なやり口」「因業親父」など。×いんぎょう。

〔いんごう〕

荒業

荒々しい仕事、力仕事という意味。一方、「荒技」と書くと、武術などの荒々しい技をさす。×あらぎょう。

〔あらわざ〕

身重

妊娠していること。他に、「気重」は「きおも」、「口重」は「くちおも」、「頭重」は「ずおも」と読む。

〔みおも〕

大童

力の限り、奮闘する様子。「準備に大童の状態」など。もとは、結った髷（まげ）のもとどりがとけ、髪の毛がばらばらに乱れ

乱丁

宗とする

素知らぬ

似気ない

巴戦

た様子をいった。〔おおわらわ〕

書物のページの順番が間違って綴(と)じられていること。なお、「落丁」は、ページが抜け落ちていること。×らんてい。〔らんちょう〕

「宗」の訓読みは「むね」。「宗とする」は中心とすることで、「質素を宗とする」など。「旨」とも書く。〔むねとする〕

知っているのに、知らないふりをすること。「素知らぬふりをする」「素知らぬ顔」など。〔そしらぬ〕

ふさわしくない。「○○さんには似気ない怒りようでした」など。〔にげない〕

三人のうちの一人が、他の二人に続けて勝つと、優勝者になる戦い。大相撲で、相星(あいぼし)の力士が三人いるときの優勝決定戦の方式。〔ともえせん〕

言い種

言っていることの中身。ものの言い方。「言い種が気に入らない」「なんという言い種だ」などと、ネガティブな方向に使う語。

〔いいぐさ〕

常打ち

いつも決まった場所で興行すること。「常打ちの芝居小屋」など。

〔じょううち〕

来る

「くる」の他、「きたる」とも読む。「きたる」は、今度くることで「来る一二月」などと使う。

〔くる〕〔きたる〕

鈴生り

多くの果実が房のようにぶらさがっているさま。この「鈴」は神社での舞楽に使う鈴で、一本の棒に多数の鈴がついている様子から生まれた言葉。

〔すずなり〕

生成り

手を加えていないこと。糸や布に加工をしていないこと。「生成りのTシャツ」など。

〔きなり〕

敵わない

匹敵（ひってき）できない。ひどすぎて我慢できない。「とても敵わない

浸る

可笑しい

非道い

虚ろ

予め

競る

相手」「暑くて敵わない」などと使う。 **〔かなわない〕**

水につかる。ある境地に入る。「優勝の喜びに浸る」など。なお、「浸かる」は「つかる」と読む。 **〔ひたる〕**

滑稽（こっけい）なさま。妙なさま。「可笑しな話」「それはちょっと可笑しいよ」などと使う。 **〔おかしい〕**

ひじょうに残酷であるさま、程度が悪いさま。ふつうは「酷い」と書くが、非道であるというニュアンスを強めるため、「非道い」と書かれることもある。 **〔ひどい〕**

気が抜け、ぼんやりしているさま。「虚ろな目」など。 **〔うつろ〕**

前もって。「予め調べておく」など。 **〔あらかじめ〕**

相手に勝とうと競い合うこと。「競う」は「きそう」と読む。 **〔せる〕**

三昧

平生

総べる

入水

合筆

彩る

もともと仏教語で「さんまい」と読んだ。現在、他の名詞につけて「その事に明け暮れている」という意味で使うときは濁音化する。「読書三昧」など。〔ざんまい〕

ふだん。日頃。「平生の生活」「平生の心がけ」など。×へいせい。〔へいぜい〕

統治する。「一国を総べる」など。今は、この意味では「統べる」と書くことが多い。〔すべる〕

「にゅうすい」は単に水に入ること。「じゅすい」と読むと、水中に身を投げ自殺すること。〔にゅうすい〕〔じゅすい〕

土地登記で、数筆（数区画）の土地を合わせて一筆（一区画）にすること。対義語は、分筆。×ごうひつ。〔がっぴつ〕

色鮮やかに飾ること。「大会を彩る」「食卓を彩る」など。×あやどる。〔いろどる〕

定温

都度

長ける

着荷

減反

為替

外為

温度、体温が安定していることで、「定温動物」など。「じょうおん」と読むのは「常温」で、こちらは温度が一定であること。**（ていおん）**

そのたびごとに。「その都度、支払う」など。「都」を「つ」と読むのは、音読み。**（つど）**

熟達する。あるいは、たけなわになる。「心理描写に長けている」「日が長ける」などと使う。**（たける）**

荷物が着くこと。入荷、集荷、出荷は「荷」を「か」と読む。×ちゃくに。**（ちゃっか）**

田の作付(さくづけ)面積を減らすこと。「減反政策」など。**（げんたん）**

証書を使って金銭を送付すること。「郵便為替」「為替相場」など。**（かわせ）**

外国為替の略。「外為市場」など。**（がいため）**

殺める

「殺す」よりは、いくぶん婉曲な言い方。「わが子を殺める」など。 **〔あやめる〕**

風合い

生地などの手触りや外観から受ける印象。「絹のような風合い」など。×かぜあい。 **〔ふうあい〕**

天辺

いただき、頂上。芸能界、テレビ局などでは、時計の長針・短針が天辺（真上）を指す午前零時のこと。 **〔てっぺん〕**

出来

「でき」と読むと、できた状態のことで、「出来がいい」「不出来」など。一方、「しゅったい」は、物事ができあがること。「重版出来」など。 **〔でき〕〔しゅったい〕**

隔てる

間に何かを置いてさえぎる。「ボードを隔てて話す」「疑心暗鬼が二人を隔てる」など。 **〔へだてる〕**

賜物

恵みとして与えられたもの。「努力の賜物」「天の賜物」など。「賜る」で「たまわる」と読む。 **〔たまもの〕**

場数

多くの経験。「場数を踏む」で、経験を積み、物事に慣れていること。×ばすう。 **〔ばかず〕**

押印

判を押すこと。「押」の音読みは「おう」で、花押、押収、押捺、押韻も「おう」と読む。×おすいん。 **〔おういん〕**

頭金

分割払いの最初の支払い額。 **〔あたまきん〕**

後金

後から支払うお金。対義語は「前金」。 **〔あときん〕**

店賃

家賃のこと。店舗の家賃とは限らず、一般住居の家賃に関しても使う。×みせちん。 **〔たなちん〕**

寿ぐ

喜びや祝いの言葉を述べる。「言祝ぐ」とも書き、単に「祝う」ことではなく、「言葉で祝福する」という意。「新春を寿ぐ」など。 **〔ことほぐ〕**

廃れる

はやらなくなること。「義理人情が廃れる」「町が廃れる」など。 **〔すたれる〕**

ちょっと骨のある漢字◆其の一

斜交い

目す

徒や疎か

徒らに

心許り

牛耳る

斜めに交わること。「道を斜交いに横切る」など。〔はすかい〕

見る、見なす。「将来のエースと目される逸材」など。〔もくす〕

おもに「徒や疎かにはしない」という形で使い、無駄やいいかげんにはしないという意味。〔あだやおろそか〕

むだに。「徒らに過ごす」「徒らに時間を消費する」など。〔いたずらに〕

ほんの気持ちで。「心許りの品」など。〔こころばかり〕

組織を支配し、思いのままに動かすこと。「組織を牛耳る」

など。〔ぎゅうじる〕

出端

「ではな」と濁らずに読む。物事の出だし。出ようとしたとたん。「出端を挫かれる」など。「出鼻」は「ではな」と濁音で読む。〔ではな〕

下情

下々の事情。「下情に通ずる」は、上に立つ者が、庶民の生活事情、民間の事情をよく知ること。×げじょう。〔かじょう〕

（鉱山の）切羽

採掘場のこと。一方、「切羽詰まる」は「せっぱつまる」と読む。〔きりは〕

食む

食物を食べる。動物が草などを食べる様子に似合う動詞。「禄を食む」なども使う。〔はむ〕

必定

そうなると決まっていること。「このままでは、失敗も必定だ」など。〔ひつじょう〕

互先

望月

生粋

強いる

折角

然々

囲碁で、交互に先手となって打つこと。「たがいせん」と湯桶読み（上の字を訓読み、下の字を音読みにすること）にする。

〔たがいせん〕

陰暦十五夜の月。満月。藤原道長の歌「この世をばわが世とぞ思ふ望月の欠けたることもなしと思へば」のように、満ち足りたさまの形容にも用いる。

〔もちづき〕

混じりけがまったくないこと。「生粋の江戸っ子」など。

〔きっすい〕

無理にさせる。「服従を強いる」など。

〔しいる〕

わざわざ。一説には、後漢の郭泰という人物の頭巾が雨に濡れて折れ曲がったのを、他の人が真似てわざわざ折ったことに由来するという。

〔せっかく〕

うんぬん。「斯く斯く然々」は、長い言葉を省略していう常

思しい

若干

真砂

匿う

反故

剣突

套句（とうく）。「事情は斯く斯く然々です」など。〈**しかじか**〉

思われる。「関係者と思しき人物」などと使う。〈**おぼしい**〉

いくらか、多少。「若干名募集」など。これを「わかせん」と読むのは、ネタにもされる有名な誤読例。〈**じゃっかん**〉

細かい砂。「浜の真砂は尽きるとも世に盗人の種は尽きまじ」は、石川五右衛門（ごえもん）の辞世と伝えられる歌。〈**まさご**〉

人目につかないように隠す。「犯人を匿う」「逃亡者を匿う」など。「匿す」は「かくす」と読む。〈**かくまう**〉

本来は書き損じた紙のこと。そこから、「反故にする」は約束などをなかったことにすること。「口約束を反故にする」など。〈**ほご**〉

とげとげしく邪険（じゃけん）にすること。「剣突を食らわせる」は、荒々しく拒否すること。〈**けんつく**〉

追従
気色立つ
外道
久遠
瞬く

「ついしょう」と読むと、人の機嫌をとるように媚びへつらうこと。「追従笑い」など。「ついじゅう」と読むと、人の言動に無批判に従うという意で「権力者に追従する」など。

〔ついしょう〕〔ついじゅう〕

気持ちを顔や態度に表す。「暴言に対して気色立つ」など。

〔けしきだつ〕

もとは、仏教以外の教えを信じる者。そこから、道に外れた者をののしる言葉に。釣り用語としては、狙った魚種以外の魚という意。

〔げどう〕

いつまでも続くこと。「久遠の理想を求める」など。もとは仏教語で、久しく遠いこと。

〔くおん〕

光がちらちらする。「星が瞬く」など。なお、「しばたたく」とも読み、この場合は頻繁にまばたきすること。「目をしきりに瞬く」など。

〔またたく〕〔しばたたく〕

垣間見る
隙間からのぞき見ること。「実情を垣間見る」など。
〈かいまみる〉

言質
あとで証拠となるような言葉。「言質を取る」「言質を与えないように話す」など。
〈げんち〉

似非
似てはいるけれど、本物ではないこと。「似非学者」「似非紳士」など。「似而非」とも書く。
〈えせ〉

貪る
飽(あ)きることなく欲しがる。がつがつ食べる。「暴利を貪る」「惰眠(だみん)を貪る」「貪り食う」など。
〈むさぼる〉

温床
もとは、苗を早く育てるために温度を高くした苗床(なえどこ)。そこから、よくない風潮や傾向が生まれやすい環境をさす。「悪の温床」「非行の温床」など。
〈おんしょう〉

小体
規模や暮らしぶりなどが、つつましく、派手でないこと。「小体な店」「小体に暮らす」など。
〈こてい〉

苦汁

苦渋

本望

弄ぶ

口伝

福音

則る

苦味のある汁。そこから、比喩（ひゆ）的につらい経験という意味で使い、「苦汁を嘗（な）める」は、苦しい目にあわされること。**〈くじゅう〉**

苦くて渋いこと。「苦渋を味わう」や「苦渋の色を浮かべる」は、こちらを使う。**〈くじゅう〉**

本来の望み。本懐（ほんかい）。「本望を遂げる」など。**〈ほんもう〉**

手に持って遊ぶ。好き勝手に扱う。「ハンカチを弄ぶ」「言葉を弄ぶ」「人の気持ちを弄ぶ」など。**〈もてあそぶ〉**

口頭で教え伝えること。「口伝の秘儀」など。**〈くでん〉**

よい知らせ。キリスト教の教えで使われる言葉。**〈ふくいん〉**

ルールや基準に従う。「法律に則る」「伝統に則る」など。「則ち」は「すなわち」と読む。**〈のっとる〉**

日和

天候のこと。「いいお日和ですね」「日和見主義」など。

〔ひより〕

十戒

十の戒め。「モーセの十戒」。×じゅっかい
〔じっかい〕

先口

約束や申し込みの順番が、先であること。「先口の約束」など。

〔せんくち〕

漁る

「あさる」と読むと、餌や人、物などを探し求めること。「すなどる」と読むと、魚や貝をとること。

〔あさる〕〔すなどる〕

同右

右側の文章の記述と同じであること。「同左」は「どうひだり」と読む。

〔どうみぎ〕

権高

傲慢な態度をとること。気位が高いこと。「権高な性格」「権高な物言い」などと使う。

〔けんだか〕

仕業

したこと。行為。「誰の仕業だ」など。

〔しわざ〕

ちょっと骨のある漢字◆其の二

糾う
縄をなう。撚(よ)り合わせる。〔あざなう〕

糾す
あやまちや罪などを問いただす。取り調べる。〔ただす〕

文目
模様。色合い。比喩的に、物事の道筋や区別。「文目も分かず」は「暗くて物の模様や区別がはっきりしない」、または「物事の分別がつかない」という意味。〔あやめ〕

人伝
人を介して、間接的に伝わること。「人伝に聞いた話」など。〔ひとづて〕

口重
軽々しくものを言わないこと。「口重な性格」など。その反対が「口軽(くちがる)」。これも訓読みにする。〔くちおも〕

年端
年齢の程度。「年端もいかない」という形で使うことが多

間遠

口伝て

遣り水

嘱目

見紛う

直火

く、ごく幼いという意味。〔としは〕

時間的、あるいは空間的な隔たりが大きいさま。「行き来が間遠になる」など。〔まどお〕

人の口から口へと語り伝えること。「口伝てに聞いた話」など。「口伝え」は「くちづたえ」と読む。〔くちづて〕

庭の植物などに遣る水。あるいは、庭に水を引き入れてつくった流れ。〔やりみず〕

注意して見る。「嘱」は、つける、寄せるという意で、「嘱目」で目をつけること。「将来を嘱目する」「嘱目して待つ」などと使う。×ぞくもく。〔しょくもく〕

見間違える。「ダイヤモンドと見紛うほどのきらめき」など。〔みまがう〕

火に直接当てること。「直火で焼く」など。〔じかび〕

言霊

出穂

殺陣

直ちに

(神社を)再建

狭霧

言葉に宿ると信じられていた力。「言霊の幸わう国」「言霊信仰」など。 **〔ことだま〕**

稲から穂が出ること。「出穂期」など。 **〔しゅっすい〕**

映画や芝居の立ち回りの場面で、乱闘・捕り物・斬り合いなどの演技。「役者に殺陣をつける」など。「殺陣師」は、役者に殺陣の型を教える人。 **〔たて〕**

すぐに。「直ちにとりかかる」。「ち」を省いた「直に」と書けば、「じきに」と読む。 **〔ただちに〕**

神社仏閣を建て直すこと。ふつうの建物を建て直すことは「さいけん」と読むが、神社仏閣に限っては「さいこん」と読む。 **〔さいこん〕**

単に「霧」のこと。この「狭」は、接頭語の「さ」に漢字を当てたもので、狭いという意味はない。「さ」は「狭」の

手繰る

清拭

刃傷

諭す

間尺

生半

訓読みの一つ。**〔さぎり〕**

糸や綱などを引き寄せる。「ロープを手繰る」。**〔たぐる〕**

入浴できない病人の体をきれいに拭(ふ)くこと。医療・介護用語で、この語は「拭」を「しき」と読む。**〔せいしき〕**

刃物で、人を傷つけること。「殿中(でんちゅう)で刃傷に及ぶ」「刃傷沙汰(ざた)」など。**〔にんじょう〕**

教え、言い聞かせること。「こんこんと諭す」。**〔さとす〕**

建築物などの寸法。「間尺に合わない」は、割に合わずに損をするという意。「しゃく」は音読み。訓読みは、尺一字で「ものさし」と読む。**〔ましゃく〕**

中途半端。生半可。「生半な対策では、この問題は収まらない」「生半なプロよりもうまい」などと使う。**〔なまなか〕**

謎語
堪え性
空一面
傾げる
好一対
母平均
生石灰

謎を含んだ言葉。意味のわかりにくい語。「謎」は音読みが「めい」で、訓読みが「なぞ」。 **〔めいご〕**

我慢する気持ち。×たえしょう。 **〔こらえしょう〕**

空全体。「空一面、雲に覆われる」など。×からいちめん。 **〔そらいちめん〕**

横にまげること。「首を傾げる」など。「傾ける」と混同しないように。 **〔かしげる〕**

よく調和している一対の組み合わせ。「好一対のコンビ」など。 **〔こういっつい〕**

統計学などで、母集団変数の平均値のこと。 **〔ぼへいきん〕**

酸化カルシウムのこと。一方、「消石灰」（水酸化カルシウム）は、「しょうせっかい」と読む。 **〔せいせっかい〕**

期近物
斑入り
開け閉て
忙しない
仰け反る
凡そ
宜しく
帯封
教唆

先物取引などで、受渡期日の近い物。〈きぢかもの〉

地の色と違った色がまだらに混じっているさま。〈ふいり〉

「あけしめ」と読むのは「開け閉め」。〈あけたて〉

いそがしい。きぜわしい。「忙しない日を送る」など。〈せわしない〉

仰向(あおむ)けにそる。「思わず仰け反る」など。〈のけぞる〉

だいたい。「凡そ百万円」など。〈およそ〉

ほどよく。うまい具合に。「宜しくお願いします」「宜しくお伝えください」など。〈よろしく〉

新聞・雑誌などを郵便で送るとき、幅の狭い紙で帯のように包むこと。湯桶(ゆとう)読みにする。〈おびふう〉

他の者をそそのかすこと。「教唆犯」など。〈きょうさ〉

完膚

傷のない完璧な皮膚。そこから、「完膚なきまで」は「（無傷の肌がなくなるほどに）徹底的に」という意味に。

〔かんぷ〕

羊歯

シダ植物のこと。葉が羊の歯のように細かく並ぶ様子から、こう書くようになったという。

〔しだ〕

好餌

よい餌（えさ）。そこから、人を誘い寄せるのに都合のいい手段。「敵の好餌となる」など。

〔こうじ〕

希有

読み下すと「希（まれ）に有（あ）る」で、まれなこと。「希有な出来事」「希有な事象」「希有な例」などと使う。

〔けう〕

虚空

何もない空間。「虚空をつかむ」は、手を伸ばして何もないところを握りしめるようにすることで、ひどく苦しむ様子。「虚」を「こ」と読むのは呉音（ごおん）。

〔こくう〕

艶消し

光沢をなくすこと。また、面白みや色気のないこと。色消

羨望

相半ばする

洒落

逓減

釣果

し。興ざめ。野暮(やぼ)。「艶消しのガラス」「艶消しな話」。「つや」は「艶」の訓読みの一つで、「艶事」は「つやごと」、「艶々」は「つやつや」と読む。　**〔つやけし〕**

うらやましく思うこと。「羨望の視線を集める」など。　**〔せんぼう〕**

相反する二つのものの量・程度が、半分ずつの状態を保つ。五分五分である。「功罪(こうざい)相半ばする」など。　**〔あいなかばする〕**

冗談。「駄洒落」「洒落がわからない」など。×しゃらく。　**〔しゃれ〕**

じょじょに減っていくこと。「収益逓減の法則」など。反対語は「逓増」。　**〔ていげん〕**

魚釣りの成果。「釣果に恵まれる」など。　**〔ちょうか〕**

図らずも
見初める
悪辣
悪食
艶姿
製革
革装

意外にも、思いがけなく。「図らずも二人の意見が一致する」。
〈はからずも〉

一目惚れ(ひとめぼ)するという意。「初める」は、動詞の連用形について「〜しはじめる」という意味の複合動詞をつくることが多い。
〈みそめる〉

きわめて、たちが悪いさま。「悪辣な手段」。
〈あくらつ〉

いかもの食いのこと。×あくしょく。
〈あくじき〉

色っぽく美しい姿。「艶やか」は「あでやか」と読む。
〈あですがた〉

生皮から、なめし革をつくること。「革」は音読みにする。
〈せいかく〉

本などをなめし革で装丁すること。こちらは「革」を訓読みにする。
〈かわそう〉

今際

気取られる

虫酸

見場

流離う

最早

幸先

死ぬ間際（まぎわ）。今は限りという意。「今際のきわに残した言葉」など。 **〈いまわ〉**

感づかれること。「気取（きど）る」につられて、「きどられる」と読まないように注意。 **〈けどられる〉**

胸がむかむかしたとき、胃から上がってくる酸（す）っぱい液。「虫酸が走る」は、胃がムカムカするほど嫌いという意味。「虫唾」とも書く。 **〈むしず〉**

外見。見かけ。「見場がよくない」。 **〈みば〉**

あてもなく、さまよい歩く。「日本中を流離う」。 **〈さすらう〉**

今となっては。「最早、間に合わない」など。 **〈もはや〉**

いいことが起こる兆（きざ）し。「幸先がいい」など。「幸先」は吉兆という意なので、「幸先が悪い」は誤用になる。 **〈さいさき〉**

全部読めたら一人前な漢字

頃日　〔けいじつ〕

このごろ。「頃」の音読みは「けい」と「きょう」と「き」がある。

人熱れ　〔ひといきれ〕

大勢の人が集まり、体熱やにおいがいっぱいに立ち込めること。「人熱れでむんむんしている」など。

強ち　〔あながち〕

必ずしも。「強ち間違いではない」など。

強か　〔したたか〕

しぶとく手ごわいさま。「強かな人物」。

権化　〔ごんげ〕

仏が仮の姿で現れること。今は、抽象的な事柄が形になって現れたものという意でも使い、「悪の権化」など。

生憎

都合悪く。「生憎の雨」「生憎、出かけておりまして」など。

陶冶

調伏

一入

接木

殊更

生業

間が悪いという意の「あやにく」に当て字した言葉。〔あいにく〕

才能・素質を円満に育て上げること。「人格を陶冶する」。「冶」と「治」を見間違えて「とうじ」と読んだりしないように。〔とうや〕

祈禱によって、悪霊などを制すること。〔ちょうぶく〕

いっそう。「喜びも一入」など。もとは、染め物を染め液の中に一回つけること。〔ひとしお〕

植物の枝を他の植物につぎ合わせること。「継木」とも書く。〔つぎき〕

必要以上に。特別に。「殊更に言い立てる」。〔ことさら〕

暮らしを立てるための仕事。「○○を生業にする」など。〔なりわい〕

固唾 〈かたず〉
緊張しているとき、口の中にたまる唾。「固唾を呑む」は、事の成りゆきなどを案じて、息をこらすさま。「固唾を呑んで見守る」など。

仮令 〈たとい〉
もし、かりに。「仮令、敗れようとも悔いはない」。

悪阻 〈つわり〉
妊娠初期の女性に現れる吐き気などの症状。「悪阻に苦しめられる」など。

凡ゆる 〈あらゆる〉
ある限りすべての。「凡ゆる手段を講じる」など。

小火 〈ぼや〉
小さな火事。大事になる前に消し止めた火事。「小火を出す」「小火を消し止める」など。

数多 〈あまた〉
多く。たくさん。「引く手数多」など。

灰汁 〈あく〉
料理では、肉や野菜のえぐ味のこと。人柄では、強すぎてなじみにくい個性。「灰汁が強い」など。

長閑

静かで、ゆったりとしたさま。よく晴れて、天候が穏やかなさま。「長閑な日々を送る」「長閑な光景」など。

〈のどか〉

首途

自分の家から出発すること。旅立ち。比喩的に、新しい生活を始めること。「人生の首途を祝う」など。「門出」とも書く。

〈かどで〉

円らな

丸く可愛いらしいさま。「円らな瞳」など。

〈つぶらな〉

三和土

土に石灰(せっかい)や水をまぜて練ったもので、叩き固めた土間。「玄関の三和土を掃除する」など。

〈たたき〉

団扇

扇(あお)いで風を起こす道具。「打ち羽」に当て字した言葉。なお「団」は団子(だんご)、団栗(どんぐり)と同様に「丸い」の意。

〈うちわ〉

物の理

物の道理。「世の理」や「自然の理」も、「理」を「ことわり」と読む。

〈もののことわり〉

赤光

開立

気触れ

疎ら

肉刺

詳らか

赤く輝く光。夕日の光。斎藤茂吉（もきち）の第一歌集の題名でもある。 **〔しゃっこう〕**

数学で立方根（りっぽうこん）を求めること。「8を開立すると2になる」など。 **〔かいりゅう〕**

皮膚が炎症を起こして、かゆくなること。比喩（ひゆ）的に「影響を受ける」という意味で使い、「西洋気触れ」などと使う。 **〔かぶれ〕**

間が粗（あら）くて密でないさま。「疎らな客席」など。 **〔まばら〕**

「豆」に当て字した語で、手足などの皮膚が固いものとすれてできる水ぶくれ。「足の裏に肉刺ができる」など。 **〔まめ〕**

細部まではっきりしているさま。「内容を詳らかにする」など。 **〔つまびらか〕**

三行半
江戸時代、夫から妻へ出した離縁状。三行半で書いたことから、この俗称が生まれた。今は「取引先に三行半を突きつける」など、夫婦以外の関係にも使う。〈みくだりはん〉

日歩
一日を単位として定めた利率。「日歩○○銭」など。〈ひぶ〉

一向
いちずに。ただそればかり。「いっこう」と読んでも同じ意味。〈ひたすら〉

和毛
やわらかな毛。産毛。「わげ」と読まないように。〈にこげ〉

実生
植物が接(つ)ぎ木や挿(さ)し木ではなく、種子から育つこと。〈みしょう〉

徒情
むだな情け心、むなしい恋のこと。「徒情をかけるものではない」など。×とじょう。〈あだなさけ〉

一寸
すこし。わずか。長さを表す場合は「いっすん」と読む。〈ちょっと〉〈いっすん〉

具に
初一念
端折る
折節
功夫
宿世
専ら

事細かく。「具に観察する」「具に調査する」など。〔つぶさに〕

最初に抱いた志。最初の決心。「初一念を貫く」など。〔しょいちねん〕

省いて短くする。「長い話を端折って説明する」など。「はしおる」がなまった言葉。〔はしょる〕

そのときどき、季節。「折節につけて、恩師に季節の品を送る」など。〔おりふし〕

中国の拳法。「功夫映画」など。〔カンフー〕

前世。または前世からの因縁（いんねん）。「宿」を「すく」と特殊読みする数少ない例。〔すくせ〕

そのことばかり。一筋に。「専らの噂（うわさ）」「専らにする」など。〔もっぱら〕

深傷

論う

陸稲

約手

直向き

科白

己がじし

重傷。「深傷を負う」など。「深手」とも書く。対義語は「浅傷（あさで）」。〔ふかで〕

あれこれと言い立てること。とやかく論じること。「人の言動を論う」「事細かに論う」など。〔あげつらう〕

水田ではなく、畑で栽培する稲。「りくとう」とも読む。なお、田んぼで育てるのは「水稲（すいとう）」。〔おかぼ〕

約束手形を略した言葉。「やくしゅ」ではない。〔やくて〕

物事に熱中するさま。「直向きに取り組む」など。〔ひたむき〕

役者が芝居でいう言葉。「科」にはしぐさ、「白」には言うという意味がある。「気のきいた科白」など。〔せりふ〕

「己」は「おの」とも読み、「己がじし」は、それぞれの思いのままに、めいめいという意味。〔おのがじし〕

垂んとする

「なりなんとする」が音変化した語で、「まさにそうなろうとする」という意。「試合開始から五時間に垂んとする熱戦」など。

〔なんなんとする〕

動もすれば

どうかすると。「動もすると」ともいう。

〔ややもすれば〕

然したる

さほどの。「然したる違いはない」「然したる変化はない」など、あとに打ち消しの言葉を伴って使う。

〔さしたる〕

稚い

おさない、あどけない。「幼い」とも書く。なお、「幼い」は「おさない」とも読む。

〔いとけない〕

挙って

残らず、みな。「挙って賛成する」など。「挙る」は、全員が集まるという意味の動詞。『諸人（もろびと）挙りて』（クリスマス讃美歌）など。

〔こぞって〕

仮初めにも

かりにも。いやしくも。「仮初めにも、約束した以上〜」など。

〔かりそめにも〕

熱る

延いては

努々

怖気

戯れ言

森閑

顔や体を熱く感じるさま。「恥ずかしさに頬（ほお）が熱る」「体が熱る」などと使う。「火照る」とも書く。**〔ほてる〕**

それが原因になって。さらには。「延いては、○○に大きな影響を与えた」など。**〔ひいては〕**

決して。「努々、怠（おこた）ることのないよう」「努々、お忘れのなきよう」などと使う。**〔ゆめゆめ〕**

怖がる心のこと。「怖気づく」「怖気をふるう」など。**〔おじけ〕**

ふざけた言葉。冗談。「戯れ言を口にする」など。**〔ざれごと〕**

静まりかえっているさま。「森」以外の形容にも使え、「森閑とした境内（けいだい）」など。「深閑」も、ほぼ同じ意味で使える。**〔しんかん〕**

割礼
薫風
事由
荷役
彼我

陰茎包皮または陰核を切開し、その一部を切り取る儀礼。古くから世界各地で行われ、現在でもユダヤ教徒、イスラム教徒やアフリカの原住民などに見られる。〔かつれい〕

初夏、さわやかに吹いてくる心地よい風。夏の季語。「薫風の季節」など、手紙文での時候の挨拶によく使われてきた言葉。〔くんぷう〕

理由や原因。「やむをえない事由で退社する」「欠格事由」など。×じゆ。〔じゆう〕

船舶(せんぱく)の積み下ろしをすること。また、それをする人。「港の荷役作業に就く」など。×にえき。〔にやく〕

人と自分。「彼我の境遇を見比べる」など。〔ひが〕

2章
誤読の定番だからこそマスターしたい漢字

「どう読むんだっけ?」ど忘れしがちな漢字◆其の一

大凡
大体、ほぼ。「大凡のところ、見当がつく」など。〔おおよそ〕

気怠い
なんとなくだるいこと。「気怠い昼下がり」。〔けだるい〕

直截
きっぱりしている。「直截に言う」など。「ちょくさい」は慣用読み。〔ちょくせつ〕

与する
味方する。仲間になる。「提案に与する」「力ある者に与する」「どちらにも与しない」など。〔くみする〕

直と
ぴったり、直接に。「直と抱きつく」「直と張りつく」など。〔ひたと〕

補塡
不足分を補うこと。「損失補塡」など。「塡」には「塡める」

顚末

弁える

反駁

華奢

黙し難い

収斂

で「うずめる」、「塡ぐ」で「ふさぐ」などの字義がある。 **〔ほてん〕**

事の初めから終わりまでのいきさつ。「事の顚末を認める」など。 **〔てんまつ〕**

分別がある。物事の道理を心得ている。「礼儀を弁える」「立場を弁える」「場所柄を弁える」など。 **〔わきまえる〕**

反対し、論じ返すこと。「反駁を加える」など。×はんぱく。 **〔はんばく〕**

ほっそりとして美しいさま。「華奢な体つき」。 **〔きゃしゃ〕**

放っておくことができない。無視できない。「君命黙し難し」など。×もくしがたい。 **〔もだしがたい〕**

収縮すること。そこから、一つにまとまること。「意見が収斂する」など。 **〔しゅうれん〕**

安堵

奇しくも

億劫

栄えある

敷衍

拙い

安心すること。「安堵の胸を撫で下ろす」など。「堵」には「垣」の字義があり、垣根のなかにいると、安心であることから。 **〔あんど〕**

偶然にも。不思議なことに。「奇しくも、その日は父の命日だった」など。×きしくも。 **〔くしくも〕**

面倒で気がすすまないさま。「億劫な話」「何をするのも億劫だ」など。もとは仏教用語で、永遠という意の「おっこう」が音変化した語。 **〔おっくう〕**

名誉がある。「栄えある優勝旗」「栄えある伝統」など。×さかえある。 **〔はえある〕**

意味や趣旨をおし広げて、詳しく述べること。「敷衍して言えば」など。 **〔ふえん〕**

巧みでない。「拙い腕前」「拙い英語」など。「まずい」とも

蟄居

鼎談

誤謬

賑々しい

陥穽

読む。　**〈つたない〉〈まずい〉**

家に閉じこもる。「蟄」は「啓蟄（けいちつ）」とも使うように、虫が土のなかに隠れるという意がある。　**〈ちっきょ〉**

三人が向かい合って話をすること。「鼎（かなえ）」は、中国古代の三本足の食べ物を煮る容器をさす。「四人で鼎談する」などと使わないように。　**〈ていだん〉**

ミスのこと。「謬り」で「誤り」と同様、「あやまり」と読む。「誤謬を正す」など。　**〈ごびゅう〉**

ひじょうに、にぎやかである。「かくも賑々しいお出迎えを賜り（たまわ）〜」「賑々しく開幕する」など。　**〈にぎにぎしい〉**

落とし穴のこと。そこから、人を陥れる（おとしい）わな、策略。「敵の陥穽にまんまとはまる」など。「穽」一字で「おとしあな」の字義がある。　**〈かんせい〉**

走狗

心悲しい

贖罪

頑

刮目

気圧される

人の手先。狩猟用の狗（いぬ）のこと。「為政者の走狗となる」など。

〔そうく〕

何となくもの悲しい。「心悲しい気分になる」など。×こころがなしい。

〔うらがなしい〕

自分の犯した罪をつぐなうこと。「贖罪の日々を送る」など。「贖う」で「あがなう」と読む。

〔しょくざい〕

意地を張って、主張や態度や意見を変えないさま。「頑な態度」「頑に拒否する」など。

〔かたくな〕

「刮」には「こする」という意があり、「刮目」は目をこすり、よく注意して見ること。「刮目に値（あたい）する」は、注意して見るほどの価値があるという意。

〔かつもく〕

相手の気迫や勢いに圧倒される。×きおされる。

〔けおされる〕

敬虔

敬い、つつしむ気持ちが深いさま。神仏などを真摯（しんし）に敬うさま。「敬虔な祈り」「敬虔な思い」など。「虔」には「つつしむ」という字義がある。

〈けいけん〉

淑やか

上品で落ち着いている様子。「淑やかな女性」。

〈しとやか〉

方舟

四角い形をした舟。「ノアの方舟」など。

〈はこぶね〉

漁火

魚を誘い寄せるために、漁船でたく篝火（かがりび）。

〈いさりび〉

額ずく

ひたいを地面につけてお辞儀する。「神前に額ずく」「墓前に額ずく」など。

〈ぬかずく〉

流暢

言葉がなめらかで、よどみがないさま。「流暢にしゃべる」「流暢な日本語」など。「暢」には、のびやかなという意味がある。

〈りゅうちょう〉

蔑ろ

人や物を軽んじる様子。「人の善意を蔑ろにする」など。

〈ないがしろ〉

瑣末
重要ではない、ささいなこと。「瑣末な事柄」「瑣末な話にこだわるな」など。「瑣」には「ちいさい」の字義がある。「些末」とも書く。
〔さまつ〕

濃やか
情の濃い様子。「愛情濃やか」など。
〔こまやか〕

質す
不明な点を質問する。「疑問点を質す」「見解を質す」など。
〔ただす〕

晦渋
文章などが難しく、意味がわかりにくいこと。「晦渋な文章」など。「晦」には、物事がはっきりしないという意味がある。
〔かいじゅう〕

象る
形をうつしとる。あるものの形に似せてつくる。「猫を象ったアクセサリー」など。「模る」とも書く。
〔かたどる〕

一縷
わずかにつながっているさま。「一縷の望み」は、かすかな希望のこと。「縷」には「いと」の字義があり、細い糸のこ

と。〔いちる〕

燻銀

燻した銀。比喩的に、華やかさはないが、実力や魅力を備えたものを指す。「燻銀のようなベテラン選手」など。〔いぶしぎん〕

打擲

打ちたたくこと。「打」を「ちょう」と読むのは呉音（ごおん）。「激しく打擲する」など。「擲る」で「なぐる」の意。〔ちょうちゃく〕

慮る

思いを深くめぐらすこと。「事情を慮る」「経緯を慮る」など。「おもんばかる」は慣用読み。〔おもんぱかる〕

愛しい

かわいいと思うさま。「愛しい娘」「愛しく思う」など。〔いとしい〕

箝口令

人に話すことを禁じる命令。「箝口令を敷く」など。〔かんこうれい〕

嗚咽

むせび泣く声。「嗚」には低い声をもらす、「咽」にはのどが詰まるという意がある。「嗚咽をもらす」など。〈おえつ〉

箴言

戒めとなる言葉。「箴」には「はり」の意があり、本来は竹製の針をさす。針で刺すところから、いましめるという意が生じた。〈しんげん〉

予て

かなり前から。「予ての手はずどおり」「予て感じていたことです」など。なお、「予てから」は重複表現となるので注意。〈かねて〉

知悉

よく知っているさま。「悉く」で「ことごとく」と読む。「会社の内情について知悉している」など。〈ちしつ〉

賢しい

かしこくて聡明な様子。「恋の道には女が賢しい」。「賢い」と混同しないように。〈さかしい〉

偶さか

偶然に。思いがけないさま。「偶さか出会ったから、よかったものの」など。 **〔たまさか〕**

真鍮

銅と亜鉛(あえん)との合金。加工性にすぐれ、侵食されにくい。 **〔しんちゅう〕**

頓に

急に。にわかに。「最近、頓に上達した」「頓に病状が悪化する」など。 **〔とみに〕**

椿事

思いがけない出来事。「前代未聞(ぜんだいみもん)の椿事」など。「珍事」とも書く。 **〔ちんじ〕**

詰る

とがめて問いつめる。「詰(つ)まる」と混同しないように。 **〔なじる〕**

不知火

夜、海の上に灯(とも)っては消える光。漁船の光が屈折して起きる現象。 **〔しらぬい〕**

潮騒

波の音。三島由紀夫の小説の題名でもある。 **〔しおさい〕**

「どう読むんだっけ？」ど忘れしがちな漢字◆其の二

屹立

山などが高くそびえ立つ様子。「高層ビルが屹立する」など。

〔きつりつ〕

偏に

原因、理由などが、それに尽きるさま。もっぱら。ひたすらに。「今日あるのも、偏に皆様のお陰です」など。「一重」との書き分けに注意。

〔ひとえに〕

勿怪

思いがけないこと。「勿怪の幸い」など。

〔もっけ〕

辣腕

敏腕。凄腕（すごうで）。「辣腕をふるう」は、凄腕を発揮すること。

〔らつわん〕

雪ぐ

恥や汚名を消すという意味のときは、「雪辱」の「雪」を使って「雪ぐ」と書くことが多い。「恥を雪ぐ」など。「すすぐ」とも読む。

〔そそぐ〕〔すすぐ〕

爾後

その後。今後。「爾」の字義が、指示語の「その」の意味をもつ。〈じご〉

清々しい

さわやかで気持ちがいいさま。「清々しい朝の空気」「清々しい表情」など。×せいせいしい。〈すがすがしい〉

歪曲

内容を意図的にゆがめる。「事実を歪曲する」など。〈わいきょく〉

一瞥

ちらりと見ること。「一瞥する」。〈いちべつ〉

乖離

背き離れること。「理想と現実が乖離する」「人心が乖離する」など。〈かいり〉

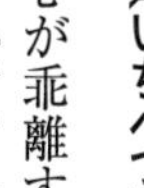

託ける

他のことを口実にする。「所用に託けて外出する」など。〈かこつける〉

招聘

礼をつくして、人を招くこと。「大学に招聘する」など。〈しょうへい〉

初々しい（ういういしい）
世間ずれしていないで、新鮮なさま。「初々しい新入社員」など。

趨勢（すうせい）
物事が移り進んでいく様子・勢い。成り行き。「世界の趨勢を眺める」。

戦く（おののく）
怒りや恐れのため、体や手足がふるえる。「怒り戦く」「恐怖に戦く」「期待に戦く」など。

驀進（ばくしん）
まっしぐらに進む。「出世街道を驀進する」。

肖る（あやかる）
影響を受けて、同じようになる。「有名人に肖る」「幸運に肖る」など。

兵站（へいたん）
戦場の後方で、兵器・食糧などの管理・補給に当たる機関。「兵站作業」など。

剽窃（ひょうせつ）
人の文章を盗みとること。

止んごとない

荒む

自惚れ

且つ

快哉

終ぞ

身分がきわめて高いさま。「止んごとなき身分のお方」など。 **〈やんごとない〉**

とげとげしくなる。あれる。「荒んだ暮らし」「荒んだ気持ち」など。 **〈すさむ〉**

自分に過ぎた自信をもつこと。「自惚れが強い」など。 **〈うぬぼれ〉**

二つの行為や事柄が、同時に行われることを表す。「飲み且つ歌う」「面白く且つ為になる」など。 **〈かつ〉**

胸がすくこと。愉快（ゆかい）だと思うこと。「快なる哉（かな）」という意味。「快哉を叫ぶ」など。 **〈かいさい〉**

後ろに打ち消し語を伴って、今まで一度も、いまだかつて。「終ぞ見かけたことはない」「終ぞ、聞いたことはない」などと使う。 **〈ついぞ〉**

曳航　遍く　鳩首　(刀が)鈍　言がまし

船が他の船などを引いて航行すること。なお、「曳行」と書くと、船ではなく、おもに車両が他の車などを引くこと。

〔えいこう〕

一般にひろくゆきわたって。もれなく。「全国に遍く知られている」など。「普く」とも書く。

〔あまねく〕

人々が集まり、顔を突き合わせて協議すること。今は「鳩首協議」「鳩首凝議（ぎょうぎ）」などの形で使うことが多い。なお、「鳩」に「あつめる」の字義がある。

〔きゅうしゅ〕

切れ味が鈍（にぶ）いこと。また、意気地がなかったり、なまけたりすること。

〔なまくら〕

口やかましいこと。「がまし」を漢字にすると「言囂し」と書く。一方、「事がまし」は意味の違う言葉で、おおげさ、ぎょうぎょうしいという意。

〔ことがまし〕

幾許

どれくらい。「幾許か」の形で、わずかの意。「幾何」とも書く。「余命、幾許もない」は、残す命がいくらもないことで、危篤(きとく)状態を表す言葉。〈いくばく〉

誰何

「誰か」と声をかけて名を問いただすこと。「警官に誰何される」など。〈すいか〉

暮れ泥む

暮れそうなのに、なかなか暮れないでいる。「泥む」は、滞(とどこお)り進まないという意。〈くれなずむ〉

出納

支出と収入。お金の出し入れ。「金銭出納帳」など。〈すいとう〉

貼付

貼り付ける。「てんぷ」と読むのは本来は間違いだが、慣用読みとして定着しかけている。〈ちょうふ〉

塗す

粉などを一面に塗りつける。「砂糖を全体に塗す」など。〈まぶす〉

外連

もとは演劇の演出用語で、はったりやごまかしのこと。「外連味がない」は、見せかけだけのごまかしや派手さがないこと。 **〈けれん〉**

恭しい

礼儀正しく、丁寧である。「恭しく頭を下げる」「恭しく接する」など。 **〈うやうやしい〉**

折衷

二つ以上のものをうまく合わせること。「衷」はちょうどよい真ん中あたりを表す語。一方、「折」は二つに分けるという意。 **〈せっちゅう〉**

途轍もない

途方もない。「途轍」は物事の筋道のことで、「途轍もない話」など。 **〈とてつもない〉**

前栽

庭などにある草木の植え込み。×ぜんさい。 **〈せんざい〉**

狼煙

薪(まき)を燃やして上げる煙による合図。昔は、狼の糞を入れて燃やしたので、こう書くようになったという説もある。「経

蓋し

所謂

慎ましい

生贄

設える

済改革の狼煙を上げる」など。〈のろし〉

まさしく。たしかに。「蓋しその通りでしょう」「蓋し名言」など。〈けだし〉

俗にいう。世間でよくいわれるように。「所謂、棚からボタ餅とはこのことだ」など。〈いわゆる〉

遠慮深くて、態度・動作などがひかえめなさま。「慎ましい申し出」など。〈つつましい〉

神に捧げる生きている人や動物。そこから比喩的に、犠牲になる人、もの。「政略結婚の生贄になる」など。〈いけにえ〉

部屋などを美しくととのえる。「茶室の設え」「洋風に設える」など。「設(もう)ける」や「誂(あつら)える」と混同しないように。〈しつらえる〉

蝶番

夭折

唆す

漏洩

脂下がる

開き戸に使う金具。金具を開いた形が蝶の羽を広げるさまに似ていることから。

〔ちょうつがい〕

若くして亡くなること。「夭」には「わかじに」という字義がある。

〔ようせつ〕

人をその気にさせ、悪いほうへ誘い入れる。「悪事を唆す」「人を唆す」など。「進学を唆す」など、いい方向に導くことに使うのは間違い。

〔そそのかす〕

秘密などが漏れること。「情報漏洩」など。「洩」には「えい」と「せつ」、二通りの音読みがあり、「漏洩」は本来は「ろうせつ」と読むが、慣用読みの「ろうえい」で定着している。

〔ろうえい〕

いい気になってニヤニヤする。もとは、やにが吸い口に下がるように雁首（がんくび）を上げてキセルをくわえる恰好（かっこう）からという。

〔やにさがる〕

捏造

胡散臭い

騒擾

面映ゆい

梃子

倹しい

でっちあげること。本来は「でつぞう」と読むが、慣用読みの「ねつぞう」で定着。「捏ねる」で「こねる」と読む。

〔ねつぞう〕

あやしげなこと。「胡散臭い話」など。

〔うさんくさい〕

騒動。騒乱。「騒擾事件」など。「擾」には「みだれる」「みだす」の字義がある。

〔そうじょう〕

照れくさい。きまりが悪い。「ほめられ、面映く思う」など。

〔おもはゆい〕

支点を中心にして、重いものを動かすために使う棒。「梃子でも動かない」は、どうやってもその場を動かないこと。なお、「梃」一字でも「てこ」と読む。

〔てこ〕

生活ぶりなどがぜいたくでない。地味で質素であること。「険しい」と間違えないように。

〔つましい〕

憮然

点す

改竄

紅蓮

三竦み

寸毫

本来は、失望して、呆然とするさま。「憮然たる思い」など。近年は、不満な表情や、ムッとするという意味で使う人が増えている。**〈ぶぜん〉**

明かりをつける。「爪に火を点す」など。**〈ともす〉**

文書などを悪用するため、勝手に直すこと。「公文書を改竄する」など。「竄」には文字を変えるという意味がある。「鼠」とは違う漢字なので注意。**〈かいざん〉**

もとは文字通り、紅色の蓮の花のこと。そこから炎の形容として、真っ赤な色をさす。おもに「紅蓮の炎」という形で使い、これはあかあかと燃え盛る炎のこと。**〈ぐれん〉**

三者が牽制し合って、いずれも動きがとれない状態。「ヘビとカエルとナメクジの関係」のような状態。**〈さんすくみ〉**

きわめてわずかなこと。「寸毫も疑わない」などと使う。

楔形文字

如何わしい

叢書

掉尾

事勿れ主義

「毫」という漢字が「毛」を含んでいるため、「すんもう」と読み間違いやすい。
〈すんごう〉

古代メソポタミアで用いられた文字。「楔形」を音読みする場合は「せっけい」と読む。×きっけいもじ。
〈くさびがたもじ〉

信用できないさま。「如何わしい人物」など。
〈いかがわしい〉

同じ形式で編集し、継続刊行する書物。×ぎょうしょ。
〈そうしょ〉

最後のこと。「とうび」は慣用読み。
〈ちょうび〉

平穏無事だけを願う消極的な考え方。「事勿れ主義がはびこる組織」など。今は「事なかれ主義」と書くことが多い。
〈ことなかれしゅぎ〉

つい〝ウソ読み〟してしまう漢字◆其の一

投網

黙示録

空元気

封ずる

一足飛び

×なげあみ。水に投げ入れ、魚をとる網。「投網にかける」など。 **〈とあみ〉**

×もくじろく。新約聖書の巻末の一書。「ヨハネの黙示録」など。 **〈もくしろく〉**

×そらげんき。うわべだけ、元気があるように見せかけること。「空元気を出す」など。 **〈からげんき〉**

×ふうずる。領地を分け与え、大名に取り立てること。 **〈ほうずる〉**

手順を踏まずに、飛び越えるさま。「いっそくとび」と打つと正しく変換されるが、「ひとあしとび」と打ったら変換されないはず。 **〈いっそくとび〉**

七曲り

九分通り

出生率

大地震

山の端

口の端

×しちまがり。道や坂が幾重にも折れ曲がっているさま。

〔ななまがり〕

×きゅうぶどおり。九割がた。ほとんど。

〔くぶどおり〕

×しゅっせいりつ。ＮＨＫなどの放送局では、「出生」を「しゅっしょう」と読み、辞書もこちらを見出し語にしている。

〔しゅっしょうりつ〕

揺れ、被害の程度が大きい地震。放送局では「だいじしん」ではなく、「おおじしん」と読んでいる。

〔おおじしん〕

×やまのはし。山の稜線。「山の端に月が上る」など。

〔やまのは〕

×くちのはし。これも「端」を「は」と読む。口先のこと。そこから、言葉の端々。「口の端にのぼる」は噂されること。

〔くちのは〕

正一位
借入金
奉書紙
最高値
定式幕
内湯
素読

×せいいちい。昔の官位の最高位。〔しょういちい〕
×しゃくにゅうきん。企業などが借りた金。〔かりいれきん〕
×ほうしょし。きめの美しい高級和紙。〔ほうしょがみ〕
×さいこうね。ある期間内についたもっとも高い値段。〔さいたかね〕
×ていしきまく。歌舞伎の舞台で使う引き幕。〔じょうしきまく〕
×ないゆ。建物のなかにある風呂場。対義語は「外湯（そとゆ）」。〔うちゆ〕
×すどく。声を出して、文章（漢文）を読むこと。「漢文を素読する」など。〔そどく〕

竹工芸

鼻白む

粗利益

下の句

凡聖

声高

×ちくこうげい。竹を使って作った工芸品。 **〔たけこうげい〕**

×はなじらむ。興ざめするさま。「白む」は通常「しらむ」と読むが、「鼻白む」は「はなじろむ」と読む。 **〔はなじろむ〕**

×そりえき。売上から原価を差し引いたざっとした儲(もう)け。 **〔あらりえき〕**

×したのく。和歌の後半の七七の部分。前半の五七五は「上(かみ)の句(く)」。 **〔しものく〕**

×ぼんせい。凡人と聖人。「凡聖一如(いちにょ)」は、凡人も聖人も、本性においては変わらないという意。 **〔ぼんしょう〕**

×こえだか。声が大きいこと。「声高に話す」「声高な反対」など。 **〔こわだか〕**

中押し勝ち

×なかおしがち。囲碁で、勝負の途中で対局者の一方が負けを認め、最後まで打たずに投了すること。

〈ちゅうおしがち〉

万巻の書

×ばんかんのしょ。ひじょうに多くの書物。

〈まんがんのしょ〉

乳離れ

×ちちばなれ。親を離れて一人前になること。「ようやく乳離れする」など。

〈ちばなれ〉

手遊び

×てあそび。退屈をまぎらわすために、手を使って何かをすること。手なぐさみ。「老後の手遊びに盆栽をいじる」など。

〈てすさび〉

迷い子

「迷い子」と「い」を送ったときには「まよいご」と読み、「迷子」は「まいご」と読む。

〈まよいご〉

上下両院

×じょうげ両院。アメリカなどの上院・下院の両院を略し

た言葉なので、「じょう・か」と読む。〈じょうかりょういん〉

現場不在証明

×げんばふざいしょうめい。いわゆる「アリバイ」のこと。他にも、法律用語では「現場」を「げんじょう」と読む。〈げんじょうふざいしょうめい〉

古文書

×こぶんしょ。史料となる昔の文書。〈こもんじょ〉

星月夜

×せいげつや。星の光で、月夜のように明るい夜。ゴッホの絵の邦題にもなっている。〈ほしづきよ〉

性悪説

×しょうあくせつ。人間の本質的な性格は、悪であるとする考え方。対義語は「性善説」。「性悪」は「しょうわる」とも読む。〈せいあくせつ〉

本草学

×ほんそうがく。薬用植物など、中国由来の薬物に関する学問。「本草」は、薬用になる植物のこと。〈ほんぞうがく〉

正筆

×せいひつ。真筆（しんぴつ）。肉筆（にくひつ）。〈しょうひつ〉

便法

嘘を吐く

細結び

緑青

権勢

天賦

一家言

×びんぽう。物事を行うのに便利な方法。「上達に便法はない」。〔べんぽう〕

×はく。「悪態を吐く」も「つく」と読む。〔うそをつく〕

×ほそむすび。紐などを真結び（まむすび）にかたく結ぶこと。本結び。「小間結び」とも書く。なお、「細い」で「ほそい」の他、「こまい」とも読む。〔こまむすび〕

×りょくしょう。銅の表面に生じる青緑色の錆（さび）。〔ろくしょう〕

×けんぜい。権力を握り、勢いがある。「権勢を振るう」。〔けんせい〕

×てんぶ。生まれつき、天から授かったもの。「天賦の才能」。〔てんぷ〕

×いっかごん。その人独自の見識・見解。「何事にも一家言

一人区
創業家
軽々に
端金
遅払い
火影

をもつ人物」など。 〔いっかげん〕

×ひとりく。選挙で、当選者が一人の選挙区。なお、「二人区」は「ににんく」と読む。 〔いちにんく〕

×そうぎょうか。企業の創業者の家系。この「家」は「け」と読む。 〔そうぎょうけ〕

×かるがるに。言動・考えなどに慎重さが欠けているさま。「軽々には論じられない」など。 〔けいけいに〕

×はがね。わずかな金銭。 〔はしたがね〕

×おそばらい。給料や代金の支払いが遅れること。 〔ちばらい〕

×ひかげ。灯火の光。あるいは、灯火に照らされて見える姿。「火影がゆらめいている」など。 〔ほかげ〕

淡口
足蹴
気障
廉価
喧伝
澄明

×あわくち。味が薄いもの。「淡い」で「あわい」の他、「うすい」とも読む。〔うすくち〕

×あしげり。足で蹴りつけること。そこから、ひどい仕打ちをすること。「足蹴にする」など。〔あしげ〕

×きしょう。服装・言動などがきどっていて嫌みに思われること。「気障り」（神経にさわるという意）を略した言葉。「気障な言動」「気障な奴」など。〔きざ〕

×けんか。安値。「廉価販売」「廉価版」など。「廉い」で「やすい」と読む。〔れんか〕

×せんでん。世間に言いふらすこと。「世に喧伝する」など。「喧しい」で「かまびすしい」と読む。〔けんでん〕

×とうめい。澄みきって明るいこと。「澄明な空気」「澄明な秋空」など。「透明」とは、読み方も意味も違う言葉なの

黙然

確執

画餅

払拭

省察

で、注意。〈ちょうめい〉

×もくぜん。口をつぐんでいるさま。「一人、黙然としている」など。〈もくねん〉

×かくしゅう。不和になること。「確執を生じる」など。〈かくしつ〉

×がへい。絵に描いた餅（もち）のように、実際の役には立たないもののたとえ。「画餅に帰（き）す」は、計画が実現せず、努力が無駄になるという意。〈がべい〉

×ふっしき。すっかり取り除くこと。「疑いを払拭する」など。〈ふっしょく〉

×しょうさつ。自らを省みて、その是非を考えること。反省してよく考えること。「自己を省察する」など。〈せいさつ〉

つい〝ウソ読み〟してしまう漢字◆其の二

有情

×ゆうじょう。生きる者の総称。「情（心）を有するもの」という意味。仏教関係の言葉は、呉音の「う」で読むことが多い。

〔うじょう〕

一献

×いっけん。一杯の酒。「一献差し上げる」は、相手の杯に酒をつぐこと。

〔いっこん〕

沢山

×さわやま。数が多いさま。「具沢山」「盛り沢山」など。

〔たくさん〕

草仮名

×くさがな。万葉仮名を草書体に書き崩したもの。さらに簡略化して生まれたものが、平仮名。

〔そうがな〕

在郷

×ざいきょう。都会から離れた地方。「在郷軍人会」など。

〔ざいごう〕

安穏

定法

十進法

幕間

彩色

言伝

×あんおん。変わったこともなく穏やかなさま。無事。平穏。 **〔あんのん〕**

×ていほう。そうするものと決まっている方法。「定法に従う」など。 **〔じょうほう〕**

×じゅっしんほう。記数法の一つ。0～9までの数字を使い、10ずつまとめて位を上げていく数の表し方。 **〔じっしんほう〕**

×まくま。芝居や歌舞伎で一幕終わったあとの休憩時間。 **〔まくあい〕**

×さいしょく。色付けすること。「彩色を施す」など。 **〔さいしき〕**

×いいつたえ（＝言い伝え）。伝言のこと。「言伝て」とも書く。 **〔ことづて〕**

強面
奥義
一矢
手練
正札
量目
素案
室礼

×こわおもて。こわい顔つき。「強面で迫る」。〔こわもて〕

×おくぎ。学問や技芸のもっとも大切な事柄。「奥義をきわめる」など。「おう」は「奥」の音読み。〔おうぎ〕

×いちや。一本の矢。「一矢を報いる」は、相手からの攻撃や非難にわずかながらでも反撃、反論すること。〔いっし〕

×てれん。熟練してすぐれていること。〔てだれ〕

×せいふだ。掛け値のない値段を記した札。〔しょうふだ〕

×りょうもく。秤(はかり)にかけて量った重さ。目方(めかた)。「量目が足りない」など。〔りょうめ〕

×すあん。最終案をつくる前の大もとになる案。「叩き台となる素案を作成する」など。〔そあん〕

×しつれい。建具や調度を配置して、生活の場、または儀

肥沃

泡銭

云々

気付

完遂

式の場をつくること。**〈しつらい〉**

×ひよう。土地が肥えていて、農作物がよくとれること。「沃」には「こえる」の字義がある。「肥沃な土地」など。**〈ひよく〉**

×あわぜに。苦労なく得た金のこと。「泡銭をつかむ」など。**〈あぶくぜに〉**

×でんでん。言葉を省略するときに使う語。「結果を云々する」。**〈うんぬん〉**

郵便物を相手の住所ではなく、相手の立ち寄り先などに送るとき、宛て先の下に書く言葉。「きつけ」と読む人が多いが、辞書では「きづけ」を見出し語にしている。**〈きづけ〉**

×かんつい。やりとげること。「任務を完遂する」など。**〈かんすい〉**

相対する
矜持
疾病
残滓
仲違い
建立
水半球

×そうたいする。互いに向かい合う。互いに対立する。〔あいたいする〕

×きんじ。誇り。自分の能力などを誇らしく思うこと。「矜持を保つ」「矜持を傷つけられる」など。〔きょうじ〕

×しつびょう。病気。疾患。「疾病保険」など。〔しっぺい〕

残りかす。「滓」一字で「かす」と読み、「おり」の字義がある。「旧制度の残滓」など。「ざんさい」とも読む。〔ざんし〕

×なかちがい。仲が悪くなること。〔なかたがい〕

×けんりつ。寺院などを建てること。「神社を建立する」など。〔こんりゅう〕

×みずはんきゅう。地球の、海洋を多く含む半球。対義語は「陸半球」。〔すいはんきゅう〕

素面

更迭

桟敷

内交渉

吹聴

遊行

×すめん。酒を飲んでいない状態。「素面では言えない話」など。 **〔しらふ〕**

×こうそう。高い地位についている人間の役職を解き、別の人間を当該役職にあてること。 **〔こうてつ〕**

×ざしき。芝居見物などで、一段高いところに設けられた見物席。 **〔さじき〕**

×うちこうしょう。内々の交渉。正式な交渉の前に行う非公式の交渉。「首脳会談に先立ち、事務方で内交渉を行う」など。 **〔ないこうしょう〕**

×すいちょう。広く言いふらすこと。「世間に吹聴する」など。 **〔ふいちょう〕**

×ゆうぎょう。僧侶の修行の旅。「遊行僧」「遊行聖(ひじり)」など。 **〔ゆぎょう〕**

世子
総花
直答
礼賛
漸次
遵守

×せし。天子・諸侯・大名などの跡継ぎ。〔せいし〕

×そうか。もとは、芸者遊びなどをしたとき、全員に花代（芸者などを揚げて遊ぶ代金）、祝儀（チップ）を渡すこと。そこから、関係者すべてに恩恵を与えること。または、誰に対しても都合よく接すること。「総花式」「総花的」など。〔そうばな〕

×じかとう。身分の高い人などに対して、直接答えること。「ちょくとう」とも。〔じきとう〕

×れいさん。すばらしいものとして、ほめたたえること。〔らいさん〕

×ざんじ。だんだんと。「漸次、対処する」など。〔ぜんじ〕

×そんしゅ。決まりなどに従うこと。「法令遵守」など。〔じゅんしゅ〕

委嘱
多言
温気
凡百
遊説
凋落

×いぞく。仕事などを外部にゆだね、頼むこと。〈いしょく〉

×たごん。口数が多いこと。「多言を要しない」など。なお、「他言無用」というときの「他言」は「たごん」と読む。〈たげん〉

×おんき。蒸し暑い空気。「暑気」と同じ意味。〈うんき〉

×ぼんびゃく。平凡でつまらない、いろいろなもの。〈ぼんぴゃく〉

×ゆうぜつ。自分の意見を説いて回ること。「全国遊説に駆け回る」など。〈ゆうぜい〉

×しゅうらく。花や葉がしぼんで落ちること。落ちぶれること。「凋落の運命」「凋落の一途(いっと)をたどる」など。〈ちょうらく〉

獰猛

油然

垂涎

登攀

巨細

伝播

×ねいもう。性質が荒く、乱暴なこと。「獰猛な性格」など。**〈どうもう〉**

×ゆぜん。盛んにわきおこる様子。「油然と雲がわきたつ」など。「油」を「ゆう」と読むのは、この一語。**〈ゆうぜん〉**

×すいえん。あるものをひじょうに強く欲しがること。「マニア垂涎の的」など。**〈すいぜん〉**

×とはん。高山などに登ること。「エベレストに登攀する」など。**〈とうはん〉**

×きょさい。本来は、文字どおり、大きいことと小さいこと。今は、細かく詳しい、という意味でも使う。「巨細に報告する」など。**〈こさい〉**

×でんぱん。次々に伝わって広まること。「稲作が伝播する」など。**〈でんぱ〉**

播種
弛緩
脆弱
進物
車座
茶花
未曾有

×ばんしゅ。作物の種をまくこと。〔はしゅ〕

ゆるむこと。たるむこと。「筋肉が弛緩する」など。「ちかん」は慣用読み。〔しかん〕

×きじゃく。もろくてよわいさま。「脆い」で「もろい」と読む。〔ぜいじゃく〕

×しんぶつ。贈り物のこと。「ご進物にぴったりの品です」など。〔しんもつ〕

×しゃざ。大勢の人が輪になって座るさま。「車座になって談合する」など。〔くるまざ〕

×ちゃか。茶室に活ける花。「季節に合わせた茶花を選ぶ」など。〔ちゃばな〕

×みぞうゆう。今までに一度もなかったこと。「未(いま)だ曾(かつ)て有らず」の意。「未曾有の大地震」など。〔みぞう〕

正直、ふだん使わないので読めない漢字

延縄

懸想

野合戦

九十路

社家

暫時

縄に多数の釣り針付きの糸をつけ、数多くの魚を一度にとるための漁具。「延縄漁業」など。×のびなわ。〔はえなわ〕

想いをかけることで、思い慕うという意味。×けんそう。〔けそう〕

野原でする合戦。×やがっせん。〔のがっせん〕

九〇歳のこと。「九つ」の訓読み「ここの（つ）」を使って「ここのそじ」と読む。×くそじ。〔ここのそじ〕

一定の神社に世襲的に仕える神職の家柄。伊勢神宮の荒木田(あらきだ)氏、出雲大社の千家(せんげ)氏など。×しゃか。〔しゃけ〕

しばらくの間。「暫時お待ち願います」「暫時休憩」など。

撒水

搦手

身共

細石

冶金

白妙

×ぜんじ。 **〔ざんじ〕**

水をまくこと。「さんすい」は慣用読み。 **〔さっすい〕**

城の裏門。そこから、比喩的に「弱点」という意味で使い、「搦手から攻撃する」など。なお、対義語は「大手」（城の正門のこと）。 **〔からめて〕**

武士などが同輩以下に対して使った一人称。自分、われという意味。「身共におまかせあれ」など。 **〔みども〕**

細かく小さな石のこと。「細石の巌（いわお）となりて」など。 **〔さざれいし〕**

金属を製錬したり、合金を作ること。「冶」には「いる」という字義がある。 **〔やきん〕**

もとは、白い布のこと。そこから、白い色。「白妙の」は衣、袖（そで）、袂（たもと）、帯、雪、雲などにかかる枕詞（まくらことば）。 **〔しろたえ〕**

虚仮

もとは仏教用語で、内心と外相が違い、真実ではないこと。そこから、愚かなこと、愚か者のこと。「人を虚仮にする」「虚仮威し」「虚仮の一念」など。〔こけ〕

前身頃

衣服の身頃のうち、体の前をおおう部分。〔まえみごろ〕

恵存

自著などを人に贈るときに、相手の名のそばに添える言葉。「手元に保存していただければ幸いです」という意味がある。「けいぞん」とも。〔けいそん〕

脇付

手紙で、宛て名の脇に添えて、敬意を表す言葉の総称。「机下」や「侍史」「御中」などのこと。〔わきづけ〕

吉左右

よい便り。吉報。また、善悪いずれかの知らせ。「吉左右を待つ」など。〔きっそう〕

没義道

非道、不人情なこと。思いやりがなく、むごいさま。「無義道」が変化した言葉とみられる。〔もぎどう〕

空集合
面魂
卍巴
当月限
預入額
帳合

数学用語で、要素を一つも含まない集合。記号はφ。**〈くうしゅうごう〉**

強い気性が表れている顔つき。「不敵な面魂」など。**〈つらだましい〉**

多くのものが入り乱れるさま。「卍巴となって戦う」など。**〈まんじともえ〉**

先物取引用語で、受け渡しの期日がその月の末であること。「当限（とうぎり）」と同じ意味。**〈とうげつぎり〉**

「預け入れ額」のほうが読みやすいが、銀行などでは送り仮名を省き、「預入額」を使っていることが多い。×よにゅうがく。**〈あずけいれがく〉**

帳簿と現金・在庫を照らし合わせて、帳簿の数字と実際が合っているかどうかを調べること。**〈ちょうあい〉**

立米
町歩
作事
連声
減殺
便船

立方メートルのこと。「メートル」に「米」と当て字したことから生まれた書き方。〔りゅうべい〕

農地などの面積を表す語。一町は約一haで、「一町歩の田んぼ」など。〔ちょうぶ〕

家屋をつくったり、修理したりすること。「作事に金をかける」など。「作事場」は建築現場のこと。〔さくじ〕

二つの語がつながるときの音変化の一つ。「因縁」が「いんねん」、「三位」が「さんみ」となるような変化をいう。〔れんじょう〕

減らして、少なくすること。「敵勢力を減殺する」「興味が減殺する」など。×げんさつ。〔げんさい〕

ちょうど都合よく出る船。「便船を待つ」など。「便」を「べん」と読むのは呉音（ごおん）で、「びん」は慣用音。×べんせん。

後作

合評

永代

西下

花卉

〈びんせん〉

二毛作で、一つの作物をとりいれた後の土地で、他の作物を栽培すること。湯桶(ゆとう)読み（48頁）にする。〈あとさく〉

何人かで作品を批評し合うこと。「小説の合評会」など。×ごうひょう。〈がっぴょう〉

何代にもわたって。そこから、未来永劫(えいごう)という意。「永代供養」など。「えいだい」と誤読しやすいが、打っても変換されないはず。〈えいたい〉

もとは、都（京都）から西の方角に向かうこと。今は、東京から関西方面など、西へ向かうこともいう。対義語は「東上(とうじょう)」。×せいか。〈さいか〉

花の咲く草。草花。または、観賞用に栽培された植物。「卉」の字義は「くさ」。〈かき〉

人定

強訴

移封

冠省

小芥子

客死

公司

本人であることを確認すること。裁判の「人定質問」など。×にんてい。**〔じんてい〕**

徒党を組んで上位者に訴え出ること。「強訴に及ぶ」。×きょうそ。**〔ごうそ〕**

大名の領地が移されること。国替え。×いふう。**〔いほう〕**

手紙文の冒頭に使う言葉。×かんせい。**〔かんしょう〕**

木製の人形の「こけし」は、漢字ではこう書く。**〔こけし〕**

旅先で亡くなること。「叔父がイギリスで客死した」など。×きゃくし。**〔かくし〕**

中国語で、会社のこと。「有限公司」など。**〔コンス〕**

3章

よく口にするのに意外と読めない漢字

「人」に関係するこれらの漢字、読めますか？

生え抜き

初めから、その会社や部署に勤務している人。「生え抜きの社員」など。

（はえぬき）

店子

（古風な言い方で）家を借りている人。借家人。

（たなこ）

論客

好んで議論をする人。弁の立つ人。×ろんかく。

（ろんきゃく）

許嫁

結婚の約束をした相手。古くは、親同士が子供が小さい頃から、結婚の約束をしておくこと。「親の決めた許嫁」など。「許婚」とも書く。

（いいなずけ）

外相

外務大臣の通称。首相と同様、大臣を意味する「相」は「しょう」と読む。×がいそう。

（がいしょう）

秘蔵っ子

もとは、とくに大事にしてかわいがっている子供のこと。そこから、目上から目をかけられている弟子・部下。「家元の秘蔵っ子」など。×ひぞうっこ。〔ひぞっこ〕

海女

海にもぐって、貝類や海藻などをとることを職業にしている女性。女性の場合は「海女」、男性の場合は「海士」と書く。〔あま〕

頭取

銀行のトップ。もとは、音頭を取る人という意味。〔とうどり〕

語部

物事を後に語り伝える人。「沖縄戦の語部」。〔かたりべ〕

優男

姿が優美な男。あるいは、柔弱な男。〔やさおとこ〕

猛者

勇ましくて強い人。荒っぽい人。「柔道部の猛者」。〔もさ〕

素封家

代々続くお金持ち。とくに、地位や権力はもっていない場合に使う。〔そほうか〕

玄人

素人

素寒貧

古強者

小悪魔

好々爺

四十七士

あることを専門としている人。プロ。なお、「玄」は、黒のなかでも、赤みを帯（お）びた黒を意味する。〈くろうと〉

玄人の反対語。〈しろうと〉

一文無しであること。「素寒貧になる」など。漢字は当て字。〈すかんぴん〉

経験を積み、事情に通じている人。もとは、多数の戦場経験のある老巧な武士のこと。〈ふるつわもの〉

男性の心をたぶらかす魅力的な女性。「小悪魔的な魅力を備えている」など。×しょうあくま。〈こあくま〉

やさしくて人のよい老人。×こうこうじい。〈こうこうや〉

吉良（きら）上野介（こうずけのすけ）の屋敷に討ち入った赤穂（あこう）四十七士のこと。×よんじゅうしちし。〈しじゅうしちし〉

権大納言

大納言に次ぐ地位。「権」は、役職名として使われるときは「次」という意味。

〔ごんだいなごん〕

鉄面皮

鉄でできている面（つら）の皮という意で、厚かましく、恥知らずであること。

〔てつめんぴ〕

敵役

憎まれる立場の人。×てきやく。他に、商売敵、恋敵、碁（ご）敵なども「敵」を「かたき（がたき）」と読む。

〔かたきやく〕

曲者

用心するべき怪しい者。なお、「曲舞」（南北朝時代から室町時代にかけて流行した芸能の一種）は「くせまい」と読む。

〔くせもの〕

先達

人を案内して、導く者。「先達に付き従う」など。×せんだち。

〔せんだつ〕

下手人

犯罪を犯した者。「下手人を探す」など。

〔げしゅにん〕

大師匠〔おおししょう〕
師匠の師匠のこと。×だいししょう。

愛弟子〔まなでし〕
期待を寄せて、かわいがっている弟子。なお、「愛娘」は「まなむすめ」と読み、たいへんかわいがっている娘のこと。

子福者〔こぶくしゃ〕
子供を多くもっている人。

四代目〔よだいめ〕
落語家や歌舞伎役者の「四代目」は「よだいめ」と読む。×よんだいめ。なお、七代目は「しちだいめ」、九代目は「くだいめ」と読む。

宮司〔ぐうじ〕
もとは、神社の祭祀や事務を司（つかさど）る長、要するに神社のトップを意味したが、今は単に「神主さん」という意味でも使われている。

主水〔もんど〕
昔の官職名で、本来は水を司る役割。昔の名前にも使われ、「中村主水」など。

石工

塗師

知音

端役

色悪

古物商

山から石を切り出したり、加工したりする職人。〔いしく〕

漆細工や漆器をつくる職人。「塗り師」が変化した言葉。〔ぬし〕

真に心が通じ合った友。親友。また、単に友人、知り合いのこと。「久々に古くからの知音と語り合う」など。〔ちいん〕

芝居や映画などの主要ではない役。そこから、芝居に限らず、主要ではない役割。「私なんか、端役にすぎませんよ」など。×はしやく。〔はやく〕

歌舞伎で、二枚目の悪役を指す言葉。一方、「実悪」は、謀叛人など本物の悪人をさす。×いろわる。〔いろあく〕

古道具を商う商人。「古物」という言葉はあるが、「古物商」は音読みにする。×ふるものしょう。〔こぶつしょう〕

正客

絵付師

好事家

手弱女

頭立つ

実のある人

玄孫

茶会などで最上位の客。主賓（しゅひん）。×せいきゃく。 **〔しょうきゃく〕**

陶磁器の上絵を描くことを職とする人。 **〔えつけし〕**

物好きな人。風流を好む人。×こうじか。×こうじけ。 **〔こうずか〕**

たおやかな女性。「益荒男（ますらお）」の対義語とされる。 **〔たおやめ〕**

人の上に立つこと。「頭」を「かしら」と読む。 **〔かしらだつ〕**

誠実な人。「実のある」は「み」と読むこともあり、「実のある話」は「み」と読む。「じつ」か「み」かは、文脈によって読み分けるしかない。 **〔じつのあるひと〕**

曾孫の子。なお、その下に「来孫（らいそん）」「昆孫（こんそん）」「仍孫（じょうそん）」「雲孫（うんそん）」と続く。 **〔やしゃご〕**

老け役
芝居で、老人の役。とくに、役者が自分の年齢よりも、かなり上の年齢の役を演じるときに使う語。
〔ふけやく〕

夫子
先生や長者の敬称。とくに、孔子をさすこともある。それが「村夫子」になると、「そんぷうし」と読み、村の先生、田舎の学者のこと。
〔ふうし〕

立役
歌舞伎の主要な男役。×たてやく。
〔たちやく〕

落人
戦いに破れ、逃げている人。「おちびと」が音変化した言葉で、「平家の落人」など。
〔おちゅうど〕

庵主
僧侶や尼僧のうち、庵室を構えている人のこと。とくに、尼僧をさすことが多い。「庵主様」など。
〔あんじゅ〕

傾城
たいへんな美人。君主らがうつつを抜かして、城を傾けるほどの美人という意。「城」を「せい」と読む唯一の例。「傾国」も同じ意味。×けいじょう。
〔けいせい〕

下職
下請けの仕事。親方の下にあって、仕事を手伝う者。湯桶（ゆとう）読み（48頁）にする。〔したしょく〕

香具師
フーテンの寅さんのような、縁日などで物を売ったり、見世物を興行したりする者。〔やし〕

上人
僧侶などの尊称。「ご上人様」「日蓮（にちれん）上人」。〔しょうにん〕

現人神
「人の姿で現れた神」という意味。戦前は、天皇のことをこう呼んだ。〔あらひとがみ〕

民草
人民、庶民を「草」にたとえていう言葉。二字の熟語で、「民」が上について、「たみ」と読むのは、この言葉くらい。×みんそう。〔たみぐさ〕〔たみくさ〕

無告の民
救いを求めることもできない人民。「無告」は、窮状を告げることもできないという意。〔むこくのたみ〕

大学頭
律令制で大学寮の長官。また江戸時代、幕府の学問所を統（とう）

開発領主

沙翁

上一人

役行者

吉四六

悉達多

括(かつ)した役職。〔だいがくのかみ〕

平安時代以降、自力で山林などを開墾(かいこん)し、その領有を認められた者。×かいはつ。〔かいほつりょうしゅ〕

シェークスピアの、日本での異称。「沙吉比亜」という漢字を当てたことから、こう略した。〔さおう〕

天皇のこと。「上御一人(かみごいちにん)」ともいう。〔かみいちにん〕

修験道の開祖。「役」を「えん」と読む唯一の例。〔えんのぎょうじゃ〕

九州地方の民話の登場人物の名。「吉四六話」など。「きっちょむ」は吉右衛門がなまった名。〔きっちょむ〕

釈迦(しゃか)が出家する前の名前。シッダールタを音写した言葉だが、漢字では書いたときは「しったるた」と読む。〔しったるた〕

「体」に関係するこれらの漢字、読めますか？

初産

血眼

欠伸

鳩尾

後ろ手

初めてのお産。初子、初孫、初陣は「うい〜」と読む。

〔ういざん〕

血走っている目。「血眼になる」は必死になることで、「血眼になって探す」など。

〔ちまなこ〕

「欠」は、人が口を開けているさまを表す象形文字。一方、「伸」は、思い切り手足を伸ばすさま。「欠」一字でも「あくび」と読む。

〔あくび〕

胸の中央のへこんだところ。人体の急所の一つ。「みずおち」がなまった言葉とみられる。

〔みぞおち〕

「うしろで」は両手を背後に回すこと。一方、送り仮名を入れない「後手（ごて）」は、先手をとられて、受け身になるさま。

「後手に回る」など。〔うしろで〕

二重まぶた

上まぶたが二重になっているまぶた。×にじゅうまぶた。〔ふたえまぶた〕

後れ毛

女性が髪を結い上げたとき、生え際に残って両鬢(りょうびん)や襟足(えりあし)などに垂れ下がった毛。「後れ毛をかき上げる」など。〔おくれげ〕

飛蚊症

眼球の硝子体(しょうしたい)の濁(にご)りから、目の前に蚊(か)が飛んでいるように見える症状。「蚊」の音読みは「ぶん」。一説に「ぶーん」と飛ぶからだという。×ひかしょう。〔ひぶんしょう〕

空きっ腹

腹がひどく空いているさま。「空腹(すきばら)」を強めていう語。「空きっ腹にまずい物なし」(腹が減っていれば、何でもうまいという意)など。〔すきっぱら〕

火傷

皮膚が焼けただれた傷。焼け処(ど)の意。〔やけど〕

三半規管

耳のなかにある平衡（へいこう）感覚を司る部分。「半規」は半円のことで、「三半規管」は三つの半円形の管という意味なので、「三・半規管」と区切って読む。

〔さん・はんきかん〕

尺骨

前腕の骨。江戸時代の蘭学者、大槻玄沢（おおつきげんたく）の造語で、古代ローマで、肘（ひじ）から指までが、長さの単位だったことにちなんで「尺」の字を当てたといわれる。

〔しゃっこつ〕

黄体ホルモン

卵巣から分泌される女性ホルモンの一種。プロゲステロンともいう。×こうたい。

〔おうたい〕

足関節

足首の関節。×あしかんせつ。

〔そっかんせつ〕〔そくかんせつ〕

目深

帽子などを目が隠れるほどに、深くかぶる様子のこと。

〔まぶか〕

反吐

食べたものを吐き戻すこと。「反吐が出るような話」など。

十指

一〇本の指。「十指に満たない」は、九以下であること。×じゅっし。

〈じっし〉

頭右

軍隊で行う敬礼の動作の一種。頭を敬礼を受ける者の右方へ向ける礼。

〈かしらみぎ〉

腹が迫り出す

腹が前に出るさま。×せまりだす。

〈はらがせりだす〉

肩痛

肩の痛み。×けんつう。なお、「膝痛」も湯桶読みにして「ひざつう」と読む。

〈かたつう〉

背で泣いている

「背」はふつうは「せ」と読むが、いれずみに関しては「せな」と読むことが多い。「背で泣いてる唐獅子牡丹」など。

〈せなでないている〉

舌鼓

飲食物がひじょうにおいしいとき、舌を打ち鳴らすこと。

〈したつづみ〉

さらりと読みたい「モノ」にまつわる漢字

失せ物
なくした物。「失せ人」は失踪（しっそう）した人。
〈うせもの〉

脚立
踏み台。「脚」には「きゃく」と「きゃ」、二つの音読みがあり、これは「きゃ」と読む。
〈きゃたつ〉

土産
旅先で買う贈り物。「旅先で土産を買う」「手土産」など。
〈みやげ〉

檜皮
ヒノキなどの樹皮。「檜皮葺（ぶ）き」は、檜皮で屋根を葺（ふ）くこと。「檜皮色」は、紫がかった赤色。
〈ひわだ〉

天秤
横棒の両端に皿をつるして、重さをはかる道具。「天秤にかける」「天秤棒」など。
〈てんびん〉

大漁旗
漁に出た漁船が、大漁で帰港する際に船上にかかげる旗。

認印

白粉

俎板

什器

抽斗

多くの地域では「たいりょうばた」と読むが、一部の地域では「たいりょうき」と読むこともある。**〈たいりょうばた〉**

実印に対して、ふだん使いの略式の印。「認印でけっこうですので」など。**〈みとめいん〉**

化粧に用いる白い粉。この二字で「おしろい」と読む熟字訓なので、「お白粉」とは書かない。**〈おしろい〉**

食材を切るときに使う板。「俎」一字でも「まないた」と読む。「俎板に載せる」というと、「俎上(そじょう)に載せる」と同じ意味で、批評や議論の対象にするという意。**〈まないた〉**

もとは寺で宗徒が使う器具、日用品をさした。これが一般化して、日常の暮らしで使う家具や道具類をさすようになった。**〈じゅうき〉**

机やタンスの「引き出し」は、こうも書く。**〈ひきだし〉**

擂鉢

案山子

匕首

煙管

刷毛

熨斗

魚籠

味噌や胡麻（ごま）などをすりこぎでするための鉢（はち）。「博打でする」ことにつながる「する」という言葉を嫌い、「当たり鉢（ばち）」と呼ぶこともある。 **〔すりばち〕**

作物を荒らす鳥などの害獣を追い払うために、田畑に立てる人形。 **〔かかし〕**

鍔（つば）のない短刀。鞘（さや）の口と柄（え）の口が合うという意。「匕首を突きつける」「懐中（かいちゅう）に匕首をひそませる」など。 **〔あいくち〕**

刻みタバコを吸うための道具。 **〔きせる〕**

塗料などを塗るのに使うブラシのこと。 **〔はけ〕**

贈り物に添える縁起物。もとは、長寿を表す鮑（あわび）の肉を薄くはいで「熨（の）した」もの。 **〔のし〕**

釣った魚を入れておく容器。 **〔びく〕**

蒸籠

刺

曲尺

合印

元帳

竜頭

平凹レンズ

竹や木を編んでつくられた、食品を蒸す調理道具。「せいろ」とも読む。〔せいろう〕

先の尖った突起物。「刺がある（言い方）」は、悪意や皮肉を含むことのたとえ。〔とげ〕

直角に曲がった金属製の物差し。おもに大工が用いるので、「大工金（がね）」とも呼ばれる。〔かねじゃく〕

帳簿などを照合したときに、印として押す印。×ごういん。〔あいいん〕

簿記で、いちばんのもととなる帳簿。〔もとちょう〕

機械式時計のぜんまいを巻くつまみ。もとは、兜（かぶと）などに取り付けた竜をモチーフとした飾りをさした。〔りゅうず〕

片面が平らな凹レンズ。「平凸レンズ」は片面が平らな凸レンズ。〔へいおう〕

夫婦岩

行灯

湯湯婆

文箱

生薬

糊代

梯子

手斧

大小二つの並んだ岩。三重県二見浦(ふたみがうら)の夫婦岩など。×ふうふいわ。**〔めおといわ〕**

昔の照明道具。和紙張りの木枠のなかに、油入りの皿などを入れて使う。**〔あんどん〕**

なかに湯を入れて、足などを温める道具。**〔ゆたんぽ〕**

書状・書類などを入れておく手箱。**〔ふばこ〕**

動植物の成分を材料にした薬。「きぐすり」とも読む。**〔しょうやく〕**

貼り合わせるとき、糊をつけるための部分。**〔のりしろ〕**

高いところに登る道具。「梯子をはずされる」「梯子酒」など。**〔はしご〕**

大工道具。「ておの」と読むと小さな斧をさす。**〔ちょうな〕**

薙刀
厨子
紅型
生き餌
折敷
合切袋
貝独楽
紙縒り

長い柄の先に反(そ)った刃をつけた武器。〔なぎなた〕

仏像や経典などを納める箱形の仏具。〔ずし〕

沖縄の伝統的な型染め。×べにがた。〔びんがた〕

釣り餌や動物の飼料に使う生きたままのエサ。×いきえさ。〔いきえ〕

四方に折り回した縁をつけた食事、神事用の四角い盆。四方の縁を折り敷くことから、この名に。〔おしき〕

身の回りの品を入れる手提げの袋。「信玄袋」のこと。〔がっさいぶくろ〕

コマの一種。貝の形に似ているところから、こう書く。〔べいごま〕

紙に縒(よ)りをかけて、紐(ひも)のようにしたもの。〔こより〕

さらりと読みたい「衣類」にまつわる漢字

反物
布地。呉服。もとは、大人一人分の着物をつくるのに必要な長さ・幅の布地。 **〔たんもの〕**

木綿
綿花からつくった糸や布。×きめん。 **〔もめん〕**

夜着
寝るときに上から掛ける布団や掻(か)い巻きのこと。夜に着る衣服のことではない。×やぎ。 **〔よぎ〕**

経糸
織物の縦方向に通っている糸。中島みゆきの『糸』に出てくる「たての糸」のこと。 **〔たていと〕**

飛白
かすれたような文様を織りだした織物。「飛白の着物」など。「絣」とも書く。 **〔かすり〕**

正絹
絹だけからなる、混じりけのない糸や織物。「本絹(ほんけん)」ともい

法被

作務衣

不織布

大礼服

単

湯文字

兵児帯

う。×せいけん。 **（しょうけん）**

祭りなどで着る半纏。「ほうひ」が音変化した語。「揃いの法被」など。 **（はっぴ）**

「作務」は、僧侶が修行のために行う労働。「作務衣」は、その労働（掃除など）の際に着る衣服。 **（さむえ）**

糸にすることなく、〝織る〟ことなくつくる布。マスクなどに使われている。×ふしきふ。 **（ふしょくふ）**

大礼の際に着る服。×だいれいふく。 **（たいれいふく）**

裏地をつけない着物。単衣・単物の略。 **（ひとえ）**

女性が入浴時に身につけた一重。後ろに「文字」をつける女房詞の一つ。 **（ゆもじ）**

男性や子供が締めるしごき帯。 **（へこおび）**

さらりと読みたい「食」にまつわる漢字

和え物
魚や貝、野菜を味噌や酢、ごまなどと混ぜ合わせた料理。〔あえもの〕

塩塩梅
塩かげんのこと。〔しおあんばい〕

副食物
おかず。主食に〝副(そ)えて〟食べる物という意味。×ふくしょくもつ。〔ふくしょくぶつ〕

出汁
カツオブシなどを煮出してとった旨味。×でじる。〔だし〕

白焼き
魚にタレをつけず、そのまま焼くこと。×しろやき。〔しらやき〕

香味野菜
食べ物に香味を添える野菜。ユズ、シソ、ネギなど。〔こうみやさい〕

五色揚げ

色とりどりの揚げ物。×ごしょくあげ。〔ごしきあげ〕

茶菓

茶と菓子。「茶菓でもてなす」など。×ちゃか。〔さか〕

味酒

おいしい酒。上質の酒。「味酒に酔う」など。「旨酒」とも書く。〔うまさけ〕

治部煮

鴨肉（かもにく）などに小麦粉をまぶして煮込んだ料理。金沢地方の郷土料理。〔じぶに〕

塩汁

魚の塩漬けからつくる調味料。秋田県の特産品。「塩汁鍋」など。〔しょっつる〕

煮凝り

ゼラチン質の多い魚などの煮汁が冷えて固まったもの。また、ほぐした煮魚の身を煮汁とともに寒天などで固めた料理。〔にこごり〕

加薬飯

五目飯。「加薬」は、本来は漢方で、主たる薬に補助薬品を加えること。〔かやくめし〕

御強
赤飯のこと。この「強」は固いという意味。〔おこわ〕

菜飯
青菜など、野菜を刻んで入れるご飯。×さいめし。〔なめし〕

求肥
餅に似た和菓子。もとは、牛の皮のようにやわらかいことから「牛皮」と書いた。〔ぎゅうひ〕

常節
アワビを小さくしたような貝。「床伏」とも書く。〔とこぶし〕

金団
ゆでたさつまいもを裏ごしした餡に、栗などを練り合わせたもの。お節料理で食べる「栗金団」など。〔きんとん〕

雲丹
棘皮動物の一種。「海胆」「海栗」とも書くが、食用にするものは「雲丹」と書くことが多い。「雲丹の軍艦巻き」など。〔うに〕

温州みかん
ミカンの品種。中国浙江省の温州にちなむが、品種として

は無関係。×おんしゅう。〔うんしゅう〕

有田みかん

和歌山県有田(ありだ)市周辺でとれるみかん。みかんのトップブランドの一つで全国的にも有名。「ありだ」と濁(にご)って読むのが正しい。〔ありだ〕

南高梅

和歌山県みなべ町で生まれた梅の優良品種。昭和二五年、今のみなべ町内の数十種の梅から優良品種を選んだ際、和歌山県の「南部高校」と、もともと「高田梅」と呼ばれていたことにちなんで、命名された名。〔なんこううめ〕

雲呑

中国料理の点心。その形状から、この点心を食べる様子がまるで「雲を呑(の)む」ようであると見立てて「雲呑」と書く。「雲呑麺」など。〔わんたん〕

間鴨

マガモとアヒルを掛け合わせた食用の鳥。「合鴨」とも書く。×まがも。〔あいがも〕

甘草

温燗

粗目

胡瓜

冬瓜

李

無花果

根が漢方薬の材料になるマメ科の多年草。×かんそう。

〔かんぞう〕

ぬるめの温度で燗をした日本酒。なお、「あつかん」は「熱燗」と書く。

〔ぬるかん〕

一粒一粒が大きいざらざらした砂糖。×あらめ。

〔ざらめ〕

ウリ科の野菜。インド原産。「黄瓜」とも書く。

〔きゅうり〕

ウリ科の野菜。冬によく食べる。「瓜」には「か」という音読みがあり、それが濁音化した「とうが」が音変化して「とうがん」に。

〔とうがん〕

バラ科の果実。中国原産だが、古くから日本でも栽培されてきた。なお、プルーンは西洋産の近縁種。

〔すもも〕

世界的に最古級の果樹。外見からは、花をつけないように見えるところから「無花果」と書く。

〔いちじく〕

香菜

小豆

土筆

独活

木耳

セリ科の香辛（こうしん）野菜。各国で薬味としてよく使われ、パクチー（タイ語）、コリアンダー（英語）、コエンドロ（ポルトガル語）などと呼ばれている。

〈シャンツァイ〉

餡（あん）などの材料になる豆。なお、瀬戸内海の「小豆島」は「しょうどしま」と読む。

〈あずき〉

食用にするスギナの胞子茎（ほうしけい）。形状が筆に似ているところから、こう書かれる。「筆頭菜（ひつとうさい）」とも書く。

〈つくし〉

若い茎を食べる山菜の一種。成長すると二メートルに達する。「独活の大木」は、体が大きいばかりで、役に立たない人のこと。

〈うど〉

キノコの一種で、形状が人の耳の形に似ていることから、こう書く。「きくらげ」という名は、クラゲに似た食感があることから。

〈きくらげ〉

滑子

玉蜀黍

牛蒡

胡桃

大蒜

山葵

木通

柳葉魚

味噌汁の具などにするキノコの一種。一方、「滑茸（なめたけ）」は別のキノコで、エノキダケの異称。「滑子の味噌汁」など。〔なめこ〕

種子を食用・飼料にする作物。コーン。〔とうもろこし〕

キク科の根菜。「牛蒡巻き」「牛蒡抜き」など。〔ごぼう〕

クルミ科の果実。「胡桃割り人形」など。〔くるみ〕

ユリ科の野菜。強いにおいを放つ。〔にんにく〕

アブラナ科の多年草。すりおろしているのは、地下茎。〔わさび〕

アケビ科の蔓（つる）性落葉低木で、その実は日本最古級の食用果実。〔あけび〕

キュウリウオ科の海水魚。〔ししゃも〕

北寄貝

青柳

烏賊

水雲

竹輪

若布

ウバガイの別称。おもに北海道でとれ、〝北に寄った貝〟であることから、こう書くようになったという。〔ほっきがい〕

バカガイのむき身。寿司ネタとしての名。×あおやなぎ。〔あおやぎ〕

一〇本足の軟体動物。なお、「するめ」は「鯣」と書く。〔いか〕

酢の物にする「もずく」は、漢字ではこう書く。粘り気がある海藻の一種。「水雲酢」など。〔もずく〕

魚の練り製品。切り口が竹に似ていることから、この名に。〔ちくわ〕

海藻のワカメのこと。なお「若芽」と書けば、植物の若い芽のこと。〔わかめ〕

心太

赤魚鯛

的鯛

海鼠腸

柚餅子

言問団子

外郎

テングサからつくり、酢や黒蜜をかけて食べる。テングサの異称の「心太(こころぶと)」が変化して、こう読むようになった。〔ところてん〕

深海の岩場にすむ赤い魚。ただし鯛の仲間ではなく、フサカサゴ科の海水魚。〔あこうだい〕

海水魚。体に「的」のような模様があることから、この名になったが、「まとう」と読む。〔まとうだい〕

ナマコの内臓の塩辛。〔このわた〕

柚子の果汁や皮を使った蒸し菓子の一種。〔ゆべし〕

東京・隅田川にかかる言問橋周辺で売られる名物の団子。〔ことといだんご〕

米粉などからつくるもちもちした菓子。もとは薬の名前で「外」を「うい」と読むのは比較的新しい唐音(とうおん)。〔ういろう〕

落雁

米粉などのいり粉に砂糖や水飴を入れて練り、型抜きして乾燥させた干(ひ)菓子。〔らくがん〕

黄粉

大豆を煎(い)ってひいた粉。「黄粉餅」など。〔きなこ〕

濁酒

発酵させただけで、もろみを濾(こ)しとらない白く濁(にご)った酒。なお、「濁り酒」は「にごりざけ」と読む。〔どぶろく〕

老酒

中国の醸造酒の総称。あるいは、紹興酒(しょうこうしゅ)（紹興産の醸造酒）を長期間保存したものという意味に使う場合もある。〔ラオチュウ〕

火酒

ロシア特産の蒸留酒。アルコール度が高く、容易に火がつくことから「火酒」と当てるようになった。〔ウオッカ〕

利き酒

酒のよしあしを鑑定するために、少量を口に含んで味わうこと。「聞き酒」とも書く。〔ききざけ〕

白湯

真水を沸(わ)かしただけの何もまぜない湯。〔さゆ〕

ちょっと手ごわい「動植物」の漢字

愛猫
かわいがって大切にしている猫。または猫を愛すること。「猫」は音読みにすることが少ない漢字だが、うっかり「あいねこ」などと読まないように。
〔あいびょう〕

柴犬
日本犬の一種。毛色が「柴」の色に似るところから、この名になった。ＮＨＫなどの放送局では「しばいぬ」と読む。なお「秋田犬」も、正式な読み方は「あきたいぬ」。
〔しばいぬ〕

馴鹿
シカ科の動物。サンタクロースの乗ったそりを引くとされる。アイヌ語に由来する名。
〔となかい〕

山羊
ウシ科の動物。羊に似た家畜でつのがある。
〔やぎ〕

熊の胆
熊の胆嚢(たんのう)を乾燥させたもので、漢方薬の材料になる。×く

家鴨

雲雀

時鳥

金糸雀

啄木鳥

まのきも。　**〔くまのい〕**

マガモを飼いならして改良したカモ科の家禽（かきん）。　**〔あひる〕**

小鳥の一種。雲に近づくように、空高く舞い上がる習性からこう書く。また「ひばり」という名は、「日晴（ひはる）」の転とみられる。　**〔ひばり〕**

カッコウ科の鳥。ホトホトと鳴くことに由来するという説がある。「不如帰」「杜鵑」とも書く。　**〔ほととぎす〕**

愛玩（あいがん）用の小鳥。大西洋に浮かぶカナリア諸島原産で、ヨーロッパで品種改良された。金糸雀と書くのは、原産種が黄色い鳥であることに由来。　**〔かなりあ〕**

木をくちばしでつつくタイプの鳥の総称。「啄木」の二字でも「きつつき」のことで、歌人の石川啄木（たくぼく）はそこからとった名。　**〔きつつき〕**

虎魚

オニオコゼ科の魚の総称。頭がでこぼこで、背びれのとげに毒があるなど、何かと荒々しい魚なので、「虎魚」という漢字を当てられたとみられる。〔おこぜ〕

水母、海月

クラゲ類の総称。「水母の骨」は、あるはずのないもの、きわめて珍しいもののたとえ。〔くらげ〕

香魚

渓流魚(けいりゅうぎょ)のアユ。ふつうは「鮎」と書くが、肉に香りがあるところから「香魚」とも書く。また、寿命が通常は一年なので「年魚」とも書く。〔あゆ〕

雑魚

雑多な小魚。比喩的に、大物に対する小物を意味する。「雑魚の魚(とと)まじり」は、大物のなかに小物がまじっていることのたとえ。〔ざこ〕

紙魚

書物や衣服を食う虫。〔しみ〕

枝垂れ桜

枝が細く、垂れ下がって咲く桜。〔しだれざくら〕

緋寒桜

サクラの一種。二月頃、寒い時期に咲くサクラではあるが、「避寒」とは関係ない。なお、「彼岸桜」は三月後半、彼岸の頃に花をつけるサクラで、別の種。〔**ひかんざくら**〕

向日葵

夏に大きな花をつける植物。「太陽を追って花が回る」というのは俗説で、実際にはほとんど動かない。〔**ひまわり**〕

茉莉花

夏、白い花をつける低木。その花を用いた茶が、ジャスミン茶。×まりふぁな。〔**まつりか**〕

銀杏

「いちょう」と読むと樹木の名。「ぎんなん」と読むとその実の名。〔**いちょう**〕〔**ぎんなん**〕

山茶花

ツバキ科の常緑小高木。葉を茶葉のように使えることから、「山茶花」と書き、その読みの「サンサカ」が「サザンカ」へ変化した。〔**さざんか**〕

病葉

病気の葉。変色した葉。〔**わくらば**〕

石榴

糸瓜

忍冬

薄

鬼灯

ザクロ科の落葉小高木。初夏に赤い花をつける。なお「石榴石」はガーネットのこと。

〔ざくろ〕

ウリ科の蔓性の一年草。若いものは食用になり、熟したものはその網状繊維を入浴用のたわしに用いる。「○○も糸瓜もない」といえば、つまらないものを言うたとえ。

〔へちま〕

スイカズラ科の蔓性の植物。漢方では利尿剤、解熱剤の材料として用いる。ちなみに、スイカ（ウリ科）とは、まったく関係のない植物。

〔すいかずら〕

秋の七草の一つで、「芒」とも書く。「尾花」と呼ばれる大きな花穂をつけ、「枯れ尾花」は枯れ薄のこと。「薄の穂にも怖じる」は、わずかなことも怖がるさま。

〔すすき〕

夏場、黄色い花を咲かせるナス科の多年草。浅草の鬼灯市は例年七月九、一〇日に開かれる。ひらがなで書くと、現

仙人掌

寄生木

百日紅

浜木綿

代仮名遣いの〝例題〟のような名で、「ほおずき」が○、「ほおづき」は許容、「ほうずき」は×とされている。

〔ほおずき〕

「サボテン」という名は、ポルトガル語の「サボ」（石鹸のこと）と「手」の合成語がなまったものとみられる。

〔さぼてん〕

ヤドリギ科の低木。あるいは、他の樹木に寄生して育つ植物の総称。「宿木」とも書く。

〔やどりぎ〕

樹皮がなめらかで、猿も滑り落ちそうだということからのネーミング。ミソハギ科の高木で、長期間、紅色または白色の小さな花を咲かせることから「百日紅」と書く。

〔さるすべり〕

ヒガンバナ科の海辺に咲く白い花。×はまもめん。

〔はまゆう〕

風信子

勿忘草

馬酔木

金雀枝

浮草

英名のhyacinthに漢字を当てた名。スパルタの王子ヒアキントスが太陽神の投げた円盤に当たって死亡、その場所からこの植物が生えたという話に由来する。〔ヒヤシンス〕

英語名のforget me notを〝直訳〟した名。今は「忘れな草」とも書く。ムラサキ科の多年草。〔わすれなぐさ〕

馬や鹿がその葉を食べると、足がしびれるなど、酔ったようになるところから、こう書かれるようになった。ツツジ科の低木。〔あせび〕〔あしび〕

マメ科の低木で、スペイン語のhiniesta（イニエスタ）に漢字を当てたもの。「金雀児」とも書く。日本には一七世紀末に伝来したとみられる。〔えにしだ〕

水面に浮かんで育つ植物。ＮＨＫなどの放送局では「うきくさ」を第一の読み、「うきぐさ」を第二の読み（間違いではないが、放送局としては使わないという意）としている。

朽葉
徒花
女郎花
万年青
秋桜
蒲公英

〔うきくさ〕

枯れ落ちた葉。「朽葉色」は、その葉のような色で、赤みを帯びた黄色。

〔くちば〕

もとは、咲いても実がならない花のこと。そこから、実を伴わないもののたとえに使う。「時代の徒花に終わる」など。

〔あだばな〕

オミナエシ科の多年草。黄色の小さな花を多数傘状につける。秋の七草の一つ。

〔おみなえし〕

ユリ科の多年草。斑入りなど園芸品種が多い。

〔おもと〕

「秋桜」と書くのにキク科の一年草。秋に花を咲かせる。

〔こすもす〕

キク科の多年草。「蒲公英」と書くのは漢名に由来。

〔たんぽぽ〕

弱竹
梢
野梅
合歓木
車前草
雑木林
落葉松
早生

細くしなやかな竹。おおむね、若竹のこと。×よわたけ。〈なよたけ〉
木の幹や枝の先。「木の末」の意。〈こずえ〉
野生の梅。×のうめ。×のばい。〈やばい〉
マメ科の木。その名は、夜になると葉が合わさって閉じ、眠るように見えることに由来する〈ねむのき〉
道端などに生える雑草。「大葉子」とも書く。〈おおばこ〉
雑多な樹木が混じって生えている林。「雑木」だけだと「ざつぼく」とも読む。〈ぞうきばやし〉
松の種類の一つで、秋には黄葉し、落葉するのが特徴。高地に多い品種で、「唐松」とも書く。〈からまつ〉
早く実をつける作物。反対語は「晩生（おくて）」。〈わせ〉

4章 大人の常識と教養が試される漢字

知っておきたい「天気・気象・天体」を表す漢字

極寒
ひじょうに寒いこと。「極寒の地」など。×きょっかん。
〔ごっかん〕

雪崩
積もった大量の雪が斜面を急激に崩れ落ちること。「表層雪崩」など。「雪崩を打つ」や「雪崩現象」は、比喩(ひゆ)的に雪崩が起きるように大勢の人や物がどっと移動するさまを表す。
〔なだれ〕

五月雨
旧暦五月頃の長雨。旧暦の五月は、ほぼ今の六月に相当し、梅雨(つゆ)のこと。サは五月(さつき)(さつき)、ミダレは「水垂れ」に由来するとみられる。「五月雨式」は、途切れがちに繰り返すこと。
〔さみだれ〕

氷雨
もとは、雹(ひょう)や霰(あられ)のこと。今は晩秋・初冬に降る「冷たい雨」

時雨

地雨

細雪

吹雪

木枯らし

という意味で使われている。ヒットした歌謡曲では、後者の意味。「氷雨が降り続く」など。**〔ひさめ〕**

晩秋から初冬にかけて断続的に降る小雨。「蟬時雨」「時雨煮」など、比喩的にも使う。**〔しぐれ〕**

一定の強さで、長く降り続く雨のこと。重箱（じゅうばこ）読み（34頁）にする。×じう。**〔じあめ〕**

細かに降る雪。また、まばらに降る雪。谷崎潤一郎の小説の題名でもある。**〔ささめゆき〕**

強風で地表に積もった雪が舞い上がると同時に、雪が降っていて視界が悪くなっている状態。そこから「花吹雪」「紙吹雪」など、風に吹かれて乱れ舞うもののたとえにも使う。**〔ふぶき〕**

秋から冬にかけて吹く、冷たくて強い風。**〔こがらし〕**

疾風

風台風

東風

野分

風花

陽炎

筋状雲

急にはげしく吹く風。「疾風のごとく去っていく」など。「しっぷう」とも読む。〈はやて〉〈しっぷう〉

雨による被害は比較的小さく、風による被害が大きい台風。〈かぜたいふう〉

春、東から吹く風。「東風吹かば〜」など。「とうふう」とも読む。〈こち〉〈とうふう〉

二百十日、二百二十日前後に吹く強風。台風。「のわけ」とも読む。〈のわき〉〈のわけ〉

晴天にちらつく小雪片。降雪地から風に吹かれて飛来してくる小雪。〈かざはな〉

春や夏などに、日光で熱せられた空気が地面からゆらゆらと立ちのぼる現象。〈かげろう〉

筋状の雲。おもに、冬場、日本海上に発生する海上層積雲(そうせきうん)

をさす。〔すじょうぐも〕

氷柱

軒先などに棒状に垂れ下がる氷。「氷柱が垂れ下がる」など。〔つらら〕

薄氷

池などの水面に薄く張った氷。とくに春先の氷。「うすごおり」とも読む。〔うすらひ〕〔うすごおり〕

常春

一年中、春のような気候であること。「常（とこ）」は、永遠であるという意の接頭語。「常夏」は「とこなつ」、「常世」は「とこよ」と読む。〔とこはる〕

後の月

九月の十三夜の月。×あとのつき。十五夜を「初名月（はつめいげつ）」と呼ぶのに対する言葉。〔のちのつき〕

十六夜

陰暦の「一六日」の夜。『十六夜日記』など。秋の季語でもある。〔いざよい〕

知っておきたい「時間」を表す漢字

小一時間　〈こいちじかん〉
一時間弱。×しょういちじかん。

今明日　〈こんみょうにち〉
今日か明日か、ということを重々しくいう言葉。「今明日中には、目標に到達するでしょう」など。

一昨々日　〈さきおととい〉
一昨日の前の日。なお「一昨日」は「おととい」とも「いっさくじつ」とも読む。

時分時　〈じぶんどき〉
食事の時刻。「時分時にお邪魔してごめんなさい」など。

朝未き　〈あさまだき〉
朝早く。夜の明けきらない頃。「未き」は、その時間にはまだ早いの意。

東雲
明け方。東の空がわずかに明るくなる時間帯。また、明け

お三時

黄昏

夜半

正時

日永

方に東の空にたなびく雲。〈しののめ〉

三時のおやつのこと。昔の時刻の「八つ」が午後二〜四時頃をさしたことから。「お八つ」とも書く。〈おやつ〉

夕方のこと。薄暗くなって、「誰そ彼」と人の見分けがつきにくい時間帯。比喩的に「(物事が)終わりに近づき、衰えの見えるころ」という意味でも使う。「西洋の黄昏」「近代の黄昏」など。〈たそがれ〉

音読みでは「やはん」、大和言葉では「よわ」と読む。ともに、夜中のこと。〈やはん〉〈よわ〉

九時ちょうど、一〇時ちょうどなど、端数のつかない時刻。「毎正時に噴水が上がる」など。×せいじ。〈しょうじ〉

春の昼間の長く暮れにくいことで、「日長」とも書く。対義語は「夜長」。こちらは〝夜永〟とは書かない。〈ひなが〉

寒の入り

夏至

師走

小正月

望年

（彼岸の）中日

「寒」は、暦の上で立春(りっしゅん)前の三〇日間をさす語。「寒の入り」はその始まりの「小寒」を意味し、今の暦(こよみ)でいうと、一月五日ごろ。

〔かんのいり〕

北半球では、昼がもっとも長く、夜がもっとも短い日。対義語は「冬至(とうじ)」。

〔げし〕

一二月の別称。

〔しわす〕

陰暦の一月一五日。どんど焼きなどを行う。×しょうしょうがつ。

〔こしょうがつ〕

小正月のこと。「望(もち)」という音が餅に通じるため、古語では、正月に関係する言葉に「望」の字がよく登場する。

〔もちどし〕

一方、相撲や芝居興行の「中日」は「なかび」と読む。

〔ちゅうにち〕

過年度
弥生
干支
子年
丙午
幾年
玉響

過去の年度。おもに、会計年度に関して使う言葉。〔かねんど〕

陰暦の三月。なお、「弥生土器」は、東京・本郷の弥生町貝塚から出土したことから命名。〔やよい〕

子(ね)、丑(うし)、寅(とら)などの「えと」のこと。「かんし」と読む場合もある。〔えと〕

十二支の最初の年。なお、卯年は「うどし」、申年は「さるどし」、未年は「ひつじどし」と読む。〔ねどし〕

六〇年に一度めぐってくる「丙の午」の年で、干支の第四三番目に当たる年。〔ひのえうま〕

何年。「幾年過ぎたことか」など。×いくとし。〔いくとせ〕

ほんのしばらくの間。あるいは、かすかな、という意味。〔たまゆら〕

知っておきたい「場所」を表す漢字

生国

生まれた国。生まれた土地。×せいごく。〔**しょうごく**〕

所番地

居住地などの地名（所）と番地。×しょばんち。〔**ところばんち**〕

青空の下

好天のもと。×あおぞらのした。〔**あおぞらのもと**〕

野天

屋根のない場所のこと。「野天風呂」。×やてん。〔**のてん**〕

大舞台

大きく立派な舞台。晴れ舞台。「大舞台を踏む」など。×だいぶたい。〔**おおぶたい**〕

幕営地

天幕（テント）を張って野営する地。×まくえいち。〔**ばくえいち**〕

外つ国

畿内(きない)以外の国。あるいは、外国のこと。×そとつくに。

真秀ろば

市井

常つ国

尺地

天の下

梨園

〈とつくに〉

すぐれたよい所・国。「大和（やまと）は国の真秀ろば〜」。
〈まほろば〉

人家が多く集まっている場所。まち。昔、「井戸」のあるところに人が集まり、市が立ったことから。×いちい。
〈しせい〉

黄泉（よみ）の国（死の国）の別名。あるいは、海の彼方にあると考えられた国。
〈とこつくに〉

「尺」の音読みは、「しゃく」と「せき」。これは「せき」と読む珍しい例で、わずかな土地のこと。
〈せきち〉

天下、日本国中、全世界。「天の下にその名が轟（とどろ）きわたる」など。×あまのした。
〈あめのした〉

歌舞伎（かぶき）界のこと。「梨園の御曹司（おんぞうし）」など。
〈りえん〉

無間地獄

地獄の一つ。「むけん」と濁(にご)らずに読むのが正しい。「無限、地獄」と変換ミスしないように注意。〈むけんじごく〉

西国

もとは、関西より西の国をさす言葉。後に、西洋の国々という意味にも使われ、『西国立志編』など。ともに、「せいごく」は×。〈さいごく〉

陸奥

「みちのく」は、今は、東北地方全体をさすことが多く、「みちのく」と平仮名で書くことが多い。「むつ」は、青森県などの旧国名で、今は、青森県をイメージさせる言葉。こちらは、漢字で書くことが多い。〈みちのく〉〈むつ〉

大店

大規模な商家。「この商店街きっての大店」など。×おおみせ。〈おおだな〉

上屋敷

大名が江戸在府の際、ふだんの住まいとした屋敷。×うえやしき。〈かみやしき〉

花街

大桟橋

潟湖

魚河岸

京師

九十九折り

色街。遊女屋などが集まっている地域。本来は「かがい」と読み、「はなまち」は、かつてのヒット曲から広まった一種の慣用読み。**〈かがい〉**

大きな船着場。横浜港の大桟橋を指すことが多い。×だいさんばし。**〈おおさんばし〉**

浜名湖やサロマ湖など、砂州(さす)によって海から切り離されてできた湖。「潟」は訓読みが「かた(がた)」で、音読みが「せき」。**〈せきこ〉**

鮮魚市場のこと。「河岸」は「かわぎし」と読んで、川の岸辺を表すこともある。**〈うおがし〉**

首都、都。そこから、もっぱら京都を表す言葉。**〈けいし〉**

いくえにも折れ曲がって続く山道や坂道。「葛折り」とも書き、葛藤(つづらふじ)の蔓(つる)が折れ曲がっているところから。**〈つづらおり〉**

路肩

老舗

太物店

海堡

山家

道路の両端の部分。「路」には音読みの「ろ」、訓読みの「じ」「みち」の三通りの読み方があるが、道路関係の熟語（路床（ろしょう）、路盤（ろばん）、路面など）は「ろ」と読む。

〔ろかた〕

古くから続いている店。「似せる」という意の「仕似（しに）す」に由来する語。

〔しにせ〕

「太物」は綿織物や麻織物のことで、そうした太物を扱う店。なお、「絹織物」は、俗に「やわらか物」と呼ばれた。

〔ふとものだな〕

海の上につくった砲台。「東京湾の第三海堡」など。「堡」には「とりで」という字義がある。なお、「海保」は「かいほ」と読み、海上保安庁の略。

〔かいほう〕

山里や山中にある家。「が」と濁って読む。「山家育ち」など。

〔やまが〕

鉄の城

烏城

皇居正殿

伊勢神宮正殿

百舌鳥古墳群

堅固な城。軍艦を指すこともある。「くろがね」は鉄の異称で、「鉄の盾（たて）」「鉄の肌」「鉄門」は「くろがね」と読むことがある。

〔くろがねのしろ〕

岡山城の異称。全体に黒っぽく見え、隣県の兵庫県の姫路城が全体に白っぽく、白鷺（しらさぎ）城と呼ばれるのに対する呼び名。×からすじょう。

〔うじょう〕

皇居宮殿の中心的な建物。歌会始（うたかいはじめ）の儀（ぎ）、首相任命式などが行われる「松の間」などがある。×こうきょしょうでん。

〔こうきょせいでん〕

こちらは「しょうでん」と読む。

〔いせじんぐう・しょうでん〕

二〇一九年、世界遺産に指定された大山（だいせん）古墳（伝仁徳（にんとく）天皇陵（りょう））などを含む古墳群。×もずどりこふんぐん。

〔もずこふんぐん〕

知っておきたい「建物」を表す漢字

母屋 屋敷内の中心になる建物。「庇（ひさし）を貸して母屋を取られる」など。〔おもや〕

天袋 押し入れの上に設けた袋戸棚。一方、「戸袋」は、雨戸をしまうスペース。〔てんぶくろ〕

納戸 物置部屋。衣類や調度品を収納するための部屋。なお、時代劇などに登場する「御納戸役」は、江戸幕府の役職名で、将軍家の調度品や衣服などを扱った役目。〔なんど〕

納所 こちらは、禅寺で、金銭・米穀などの出納事務を執（と）る所。〔なっしょ〕

給湯室 オフィスなどで、茶、湯をいれるための場所。×きゅうゆしつ。〔きゅうとうしつ〕

仕舞屋

築地塀

宝物殿

筋交い

格天井

商売をしていない家。「商売を仕舞うた」という意で、もとは商売をしていたが、今はしていない家を意味した。**〔しもたや〕**

上部に瓦（かわら）を葺（ふ）いた塀。塀の部分は泥などを固めてつくる。地名の「築地」は「つきじ」（埋め立て地の意）と読むが、これは「ついじ」。**〔ついじべい〕**

「供物（くもつ）」や「献物（けんもつ）」など、神社や寺院にかかわるものは「物（もつ）」と読み、「宝物」は「ほうもつ」。「宝物殿」は「ほうもつでん」と読む。**〔ほうもつでん〕**

位置関係が斜めにあること。あるいは、建物を補強するために、柱と柱の間に斜めに入れる材木。「筋交いを入れて補強する」など。**〔すじかい〕**

木材を格子に組み、上に板を張った天井。もっとも格式が高いとされる。×かくてんじょう。**〔ごうてんじょう〕**

長押

築山

厨房

鹿威し

校倉造

破風

円窓

壁や襖（ふすま）などの上に渡す横木。床の間の上部に渡す装飾材。×ながおし。 **〈なげし〉**

日本庭園に、小高く土砂（どしゃ）を盛り、山に見立てたもの。 **〈つきやま〉**

台所、調理場のこと。「厨」は「くりや」と訓読みし、意味は台所。「男子厨房に入るべからず」など。 **〈ちゅうぼう〉**

風流な庭園装置。中ほどを支点にした、竹筒に流水がたまると鳴る仕掛け。×しかおどし。 **〈ししおどし〉**

角材を横に組んで壁をつくる古代の建築様式。正倉院、東大寺などで見ることができる。 **〈あぜくらづくり〉**

屋根の切り妻に打ちつけた合掌（がっしょう）形の装飾板。「唐（から）破風」など。 **〈はふ〉**

まるい形の窓。「円屋根」は「まるやね」と読む。

別棟

三階

枝折り戸

泉石

温突

〔まるまど〕

同じ敷地内で、棟(むね)が別になっている建物。×べっとう。

〔べつむね〕

地上から三番目のフロア。「さんかい」と読んでも間違いではないが、放送局では「さんがい」と濁音(だくおん)で読んでいる。

〔さんがい〕

竹や木の枝でつくった簡単な戸。日本庭園の仕切りなどでよく見かける。

〔しおりど〕

庭園の池と庭石。「泉石にこった日本庭園」など。

〔せんせき〕

朝鮮半島で使われる伝統的な暖房装置。床下に煙の道を設け、それに暖かい空気を送り込んで部屋を暖める。現代では温水床暖房をさす。

〔オンドル〕

ニッポンの「伝統芸能」にかかわる漢字

御点前

茶の湯の主人方の作法。「けっこうな御点前でした」など。

〔おてまえ〕

立礼

茶の湯で、椅子と卓を用いて茶をたてる点前。「りつれい」と読めば、立ったままする礼。

〔りゅうれい〕

池坊

室町時代より発生した華道の代表的な流派。×いけぼう。

〔いけのぼう〕

聞香

香道では香を「聞く」と表現するのが正式だが、聞香は「ききこう」とは読まない。香木の香りを聞き、鑑賞する聞香と、香りを聞き分ける遊びである組香(くみこう)の二つが香道の主な要素。

〔もんこう〕

生世話物

歌舞伎(かぶき)の世話物狂言のうち、世情を〝生々しく〟表現する

作品。〔きぜわもの〕

道行物

歌舞伎で、男女の道行（みちゆき）（駆け落ち）をテーマにした話。〔みちゆきもの〕

楽日

千秋楽の日。芝居、相撲などの興行の最終日。〔らくび〕

外題

書物や掛け軸などの表紙に記してある表題や題目。上方（かみがた）（京都や大阪）では、歌舞伎や浄瑠璃（じょうるり）の題名のこと。×がいだい。〔げだい〕

一幕物

一幕で終わる芝居。×いちまくもの。対義語は「多幕物（たまくもの）」。〔ひとまくもの〕

宗家

家元。芸道を伝える本家。〔そうけ〕

自然居士

観阿弥（かんあみ）作の能の一曲。仏教の説教者の自然居士が、芸尽しによって幼い者を人買いから救うというストーリー。〔じねんこじ〕

薪能
薪の火を照明がわりにして、おもに夏の夜に行う野外能。「薪の宴の能」の意。〔たきぎのう〕

端唄
三味線を伴奏にして歌う短い俗謡。〔はうた〕

蒔絵
漆工芸の一つ。漆をぬった上に色粉を付着させ、器に絵柄をつける。「金蒔絵」など。〔まきえ〕

楽焼
素焼きに絵付けをした簡略な陶器。狭い意味では、茶碗師の樂家がつくった焼き物。×がくやき。なお、「赤楽」は赤い焼き物、「黒楽」は黒一色のもの。〔らくやき〕

清水焼
京都の清水あたりで産出された京焼。×しみずやき。〔きよみずやき〕

野点
野外で、茶をたてること。野外で催す茶会。「野掛け」ともいう。「野点の席に招かれる」など。〔のだて〕

俳枕
「歌枕」になぞらえて、俳句によまれる名所のこと。

〔はいまくら〕

三十一文字

短歌のこと。五七五七七を全部足すと、三十一文字になることから。〔みそひともじ〕

後集

文集、詩集などで、後から編み足したもの。『菅家（かんけ）後集』など。×ごしゅう。〔こうしゅう〕

短冊

和歌などを書くのに用いる細長い紙。〔たんざく〕

童歌

古くから子供たちの間で歌い継がれてきた歌。〔わらべうた〕

五十四帖

『源氏物語』の帖（じょう）の数。×ごじゅうよんじょう。〔ごじゅうしじょう〕

篝火

夜の照明用にたく火。「篝」は、かがり火をたく鉄製の籠（かご）のこと。『源氏物語』第二七巻の巻名でもある。〔かがりび〕

「時代小説・時代劇」によく出てくる漢字

空蟬　蟬(せみ)の脱け殻。そこから、はかない世のたとえに使われる。〔うつせみ〕

澪標　川や港内の水路を示すために立てられた杭(くい)。水路標。〔みおつくし〕

明烏　明け方に鳴くカラス。古典落語の題名。〔あけがらす〕

丹塗り　赤く塗ったもの。「丹塗りの建物」「丹塗りの盆」。〔にぬり〕

お食い初め　生後100日か120日目の子に、初めてご飯を食べさせる祝い事。〔おくいぞめ〕

旅籠　旅人が泊まる宿。「街道沿いの旅籠に泊まる」。〔はたご〕

月代　武士らが額から頭にかけて、髪の毛を半月形に剃(そ)ったとこ

草莽
鯔背
出初式
松明
刺青
提灯

ろ。×つきしろ。〔さかやき〕

もとは、草の茂ったところのことで、そこから在野であること。「草莽の志士」など。〔そうもう〕

粋な様子。「鯔背な若者」など。〔いなせ〕

新年に消防士や鳶の者が出そろって、消防演習やはしご乗りを披露する行事。〔でぞめしき〕

松などを束ね、火をつけたもの。「松明をかかげる」など。〔たいまつ〕

肌に文字・絵画などを彫り、色料を刺し入れること。「唐獅子牡丹の刺青」など。〔いれずみ〕

照明具の一つ。細い割り竹を骨にして枠をつくり、その上に紙や絹を張り、なかにろうそくをともすようにしたもの。〔ちょうちん〕

宮号　鏑矢　帷子　改易　血刀　登城　冊封

宮家の称号。有栖川宮(ありすがわのみや)、常陸宮(ひたちのみや)の類い。湯桶(ゆとう)読み（48頁）にする。〔みやごう〕

射ると風音を立てる矢。開戦時などに放った。〔かぶらや〕

裏地をつけない、ひとえの衣服。「経帷子(きょうかたびら)」など。〔かたびら〕

江戸時代、武士の所領・家禄(かろく)を没収すること。「改易に処する」など。〔かいえき〕

人などを斬って血のついている刀。「血刀を振るって切り抜ける」。〔ちがたな〕

城に参上すること。ポピュラーな熟語のなかでは、この語と「登山」の二語は「登」を「と」と読む。残りは「とう」。×とうじょう。〔とじょう〕

封地を与えて諸侯にすること。×さくふう。〔さくほう〕

乾門

皇居の北西にあるところから、この名に。〔いぬいもん〕

受領（に任じられる）

国司という意味で使う場合は「ずりょう」と読む。受け取るという意味のときは「じゅりょう」。〔ずりょう〕

人柱

もとは、いけにえのことで、そこからある目的のため、犠牲になった人をさす。「○○の人柱となる」など。〔ひとばしら〕

総角

髪形の名前で、時代によって形が違う。古代には少年の髪の結い方で、明治時代には女性の髪の結い方を表す語。〔あげまき〕

定府

大名や侍が、江戸に出府したまま、居続ける状態。〔じょうふ〕

謀反

君主にそむき、兵をあげること。「謀反を起こす」など。〔むほん〕

「仏教と寺院」に関係する間違いやすい漢字

御来迎
「来迎」は、臨終の際、仏が現れて極楽浄土へ導くこと。「御来光」（高山の頂上などで見る日の出）とは違う言葉なので注意。〔ごらいごう〕

読経
声に出して、お経を読むこと。対義語は「看経（かんきん）」で、経典を黙読すること。×どっきょう。〔どきょう〕

勤行
仏道の修行につとめること。読経や礼拝をすること。「朝の勤行」など。〔ごんぎょう〕

名号
仏や菩薩（ぼさつ）の名。とくに阿弥陀仏（あみだぶつ）を念じて唱える「南無（なむ）阿弥陀仏」の六文字のこと。「名号を唱える」など。×めいごう。〔みょうごう〕

活仏
チベット仏教で、仏や菩薩などの化身（生まれ変わり）とさ

末寺

明王

聖観音

白衣観音

金色世界

れる高僧。ダライ＝ラマなどをさす。×いきぼとけ。

〔かつぶつ〕

本山の支配下にある寺。あるいは、本寺に付随する小さな寺。

〔まつじ〕

仏法を守護する諸尊。「不動明王」など。×めいおう。

〔みょうおう〕

本来の姿の観音菩薩は33もの姿に変身できるが、もとの姿を「聖観音」という。×せいかんのん。

〔しょうかんのん〕

三十三観音の一つで、白衣をつけた観音像。なお、「白衣の天使」は「はくい」と読む。×びゃくいかんのん。

〔びゃくえかんのん〕

金色に輝く世界のこと。もとは、文殊菩薩の浄土の名。×きんいろせかい。

〔こんじきせかい〕

声明

僧侶が法要などで唱える声楽。「声明を唱える」など。「せいめい」と読むと、政府などが発表するコメント。

〔しょうみょう〕

功徳

現世や来世によいことをもたらす善行。「功徳を施す」など。

〔くどく〕

回向

仏事を行い、死者の成仏を祈ること。「冥福を祈って回向する」「回向院」など。

〔えこう〕

今生

この世。「今生の別れ」は、死に別れるという意味。

〔こんじょう〕

行脚

本来は、仏道修行のため、僧侶が諸国を巡ること。そこから「総理が全国を行脚する」などと、比喩的にも使う。

〔あんぎゃ〕

名刹

有名な寺。「名刹を訪ねる」など。「刹」は寺院のことで、

塔頭

灯明

三界

修正会

金仏

「古刹」は古い寺。**〔めいさつ〕**

禅宗で、祖師などの墓所に建てられた塔。また、大きな寺の山内にある小さな寺のこと。**〔たっちゅう〕**

神や仏に供える明かり。「お灯明をあげる」など。**〔とうみょう〕**

仏教でいう欲界、色界（しきかい）、無色界（むしきかい）の三つの世界。「さんがい」と濁音で読む。×さんかい。**〔さんがい〕**

正月に行う法会（ほうえ）。「修正」は、ふつう「しゅうせい」だが、会がつくと「しゅしょう」と読む。この「正」は正月を意味している。**〔しゅしょうえ〕**

金属製の仏像。辞書では「かなぶつ」を見出し語にしていることが多いが、「かなぼとけ」と読むこともある。**〔かなぶつ〕**

「神道と神社」に関係する間違いやすい漢字

初穂料　〈はつほりょう〉
神前に供える金銭。「初穂」はその年、初めて実った稲の穂のこと。正月によく見かける言葉であるが、初詣（はつもうで）と直接の関係はない。

祝詞　〈のりと〉
神主が神に祈り述べる言葉。「のる（宣る、告る）」が名詞化した言葉で、「と」は所や物を意味するとみられる。「祝」一字でも、「のりと」の字義がある。

結願　〈けちがん〉
日を定めて行った願立てなどを終えること。「満願」と同じ意。「結」を「けち」と読む唯一の例。

手水　〈ちょうず〉
神社に入る前に、手を洗い、口をすすいで清める水。「手水を使う」「手水所」など。

柏手
神社に参拝するさい、手のひらを打ち合わせること。「柏手

を打つ」など。〔かしわで〕

御神酒

神に供える酒。「神棚に御神酒を供える」「御神酒徳利（どっくり）」など。〔おみき〕

直会

神事のあと、御神酒などをいただく宴。忌（い）みが直って（明けて）営む会という意。〔なおらい〕

注連縄

神社などで、清浄な場と不浄な場との境界に張る縄。「七五三縄」とも書き、これは、藁（わら）を三筋、五筋、七筋と垂らすことから。〔しめなわ〕

恵方

めでたいとされる方角。その年の福徳を司（つかさど）る神がいるとされる方角。その方角に向かって食べるのが、「恵方巻き」。〔えほう〕

八百万

数がひじょうに多いこと。「八百万の神々」など。〔やおよろず〕

御利益
神仏が人に与える利益。神仏の霊験。「御利益がある」など。×ごりえき。 **〔ごりやく〕**

産土神
土地の守り神。おおむね、鎮守様のこと。 **〔うぶすながみ〕**

四神
東西南北を司る神獣、青龍、白虎、朱雀、玄武のこと。×ししん。 **〔しじん〕**

正八幡大菩薩
八幡神の菩薩号。×せい・はちまんだいぼさつ。 **〔しょう・はちまんだいぼさつ〕**

ご神火
火山の噴火を神聖視していう言葉。×ごしんか。 **〔ごじんか〕**

神馬
神が騎乗する馬として神聖視された馬で、神社に奉納する馬。一般的には白馬を重んじる。×しんば。 **〔しんめ〕〔じんめ〕**

神楽
神社のお祭用の歌や踊り。「お神楽」「里神楽」など。東京

の「神楽坂」は、近くの神社の神楽が聞こえてきたことから、この名になったという。〔かぐら〕

出雲大社

島根県出雲市にある大社。「いずもたいしゃ」も間違いとはいえないが、正式には次のように読む。〔いずもおおやしろ〕

酉の市

例年一一月の「酉（とり）」の日、鷲（おおとり）神社や大鳥（おおとり）神社など鷲や鳥にちなむ寺社で行われる祭り。「酉の市で熊手を買う」など。〔とりのいち〕

初午

二月の最初の午（うま）の日。稲荷神社で祭りが行われる。〔はつうま〕

物日

祝い事や祭りが行われる日。〔ものび〕

山車

祭礼の際に引いたり担（かつ）いだりする出し物の総称。花や人形などで豪華な装飾がなされていることが多い。京都や博多の祇園（ぎおん）祭りで有名。〔だし〕

「葬儀」に関係する間違いやすい漢字

訃報 〔ふほう〕
死亡の知らせ。×とほう。

忌中 〔きちゅう〕
身内から死者が出たときに、忌(い)みにこもる期間。通常は死後49日間。

中有 〔ちゅうう〕
人が死んでから次の生を受けるまでの期間。中陰(ちゅういん)。×ちゅうゆう。

忌日 〔きにち〕
命日。その人が死んだときと年や月が異なる、同じ日付の日。

忌引 〔きびき〕
親など、肉親の葬儀のために仕事や学校を休んで喪(も)に服すること。×いびき。

御斎
法要の参加者にふるまわれる食事（斎(とき)）を、丁寧にいう語。

〔おとき〕

七回忌
七年目（満六年）の回忌、命日。「ななかいき」と読まないように。〔しちかいき〕

新盆
故人が亡くなってから初めて迎える盆会（ぼんえ）。×しんぼん。〔にいぼん〕

門火
お盆の際に、祖先の霊に対して焚（た）く迎え火、送り火のこと。もとは、門前で焚いたことから。〔かどび〕

行年
生まれてからの年。「行年八十五」などと使い、数え年の八五歳で亡くなったという意味。「ぎょうねん」とも読む。〔こうねん〕

亡骸
死んで魂の抜けてしまった体。遺体のこと。〔なきがら〕

新仏
死んで初めての盆に迎えられる死者の霊。×しんぶつ。〔あらぼとけ〕〔しんぼとけ〕

大人なら正しく読みたい「四字熟語」

一日千秋

一日が千年に思えるほど待ち遠しいこと。「千秋」は千年という意。「いちにちせんしゅう」とも。

〈いちじつせんしゅう〉

一殺多生

一人の者を殺して、多くの者を生かすこと。大きな目的を達成するため、小さな害をなすこと。「いっさつたしょう」とも。

〈いっせつたしょう〉

九分九厘

×きゅうぶきゅうりん。百のうち九九の確率で。

〈くぶくりん〉

戸口調査

×とぐちちょうさ。戸数と人口に関する調査のことで、「戸口」は戸数と人口の略語なので「ここう」と読む。

〈ここうちょうさ〉

三拝九拝

小雨決行

白河夜船

多士済々

知行合一

有職故実

×さんぱいくはい。人に物事を頼むときに、何度も繰り返しお辞儀をすること。〔さんぱいきゅうはい〕

×こさめけっこう。雨が降っても、小雨なら、野外行事などを予定どおり行うこと。〔しょううけっこう〕

×しろかわやふね。ぐっすり寝込み、何が起きても気づかないこと。〔しらかわよふね〕

×たしさいさい。すぐれた人材が多数そろっていること。「済々」は数が多く、盛んなさま。「たしさいさい」とも。〔たしせいせい〕

×ちぎょうごういつ。知っている知識は実践しなければならないという意。中国の明(みん)から入ってきた陽明学(ようめいがく)の真髄。〔ちこうごういつ〕

×ゆうしょくこじつ。朝廷や公家・武家の礼式、法令。「有職故実に明るい」など。〔ゆうそくこじつ〕

左見右見

いろいろな方向から見るさま。いろいろな方面に気を配るさま。「と見かく見」が音便化した言葉に、「左見右見」と漢字を当てた言葉。〔とみこうみ〕

一世一代

×いっせいいちだい。一生のうち、一度であること。歌舞伎では、名優が演じおさめとして、最後に得意芸を披露すること。〔いっせいちだい〕

一世一元

×いっせいいちげん。一人の天皇の御代に、元号は一つという意。この語は「いっせい」と読む。〔いっせいいちげん〕

一目十行

×ひとめじゅうぎょう。文章を読む力がひじょうにすぐれていること。「一目で一〇行の文を読む力がある」という意味。〔いちもくじゅうぎょう〕

四分五裂

×しぶごれつ。いくつにも分裂するさま。秩序なくさけ分かれること。パソコンやスマホで「しぶごれつ」と打っても、正しく変換されないことが多いはず。〔しぶんごれつ〕

四段活用

冷汗三斗

不得要領

同行二人

遮二無二

×よんだんかつよう。動詞の活用の一つ。

〔よだんかつよう〕

×ひやあせさんと。大量の冷や汗が出るような、ひじょうに恥ずかしい思いをするさま。「皆の前で叱責されて冷汗三斗の思いだった」など。「斗」は体積の単位で、一斗は一八リットル。

〔れいかんさんと〕

×ふえようりょう。要領を得ないこと。趣意の徹底しないこと。「不得要領な説明」など。

〔ふとくようりょう〕

×どうこうふたり。お遍路の旅において、常に自分には弘法大師がついていてくれるという意味で書きつける語。

〔どうぎょうににん〕

あれこれ考えず、そのことだけを強引になすさま。がむしゃらに。「遮二無二働いて借金を返す」など。遮るものが二つとないさまから。

〔しゃにむに〕

人事不省

生老病死

生者必滅

盛者必衰

悪人正機

×じんじふしょう。意識を失い、昏睡（こんすい）状態に陥ること。「人事不省の状態に陥る」など。 **〔じんじふせい〕**

×せいろうびょうし。生まれること、老いること、病気になること、死ぬこと。仏教で、苦悩のもととされる「四苦」を表す語。 **〔しょうろうびょうし〕**

×せいじゃひつめつ。この世に生きる者は必ず死ぬということで、世の無常さを表す仏教語。 **〔しょうじゃひつめつ〕**

×しょうじゃひっすい。栄えたものは必ず衰えること。「盛者必衰の理（ことわり）をあらわす」は『平家物語』の冒頭に近い一節。 **〔じょうしゃひっすい〕**

×あくにんせいき。阿弥陀如来（あみだにょらい）の本願（ほんがん）は「悪人」の救済にこそあるという説。この「悪人」は悪事を働く者ではなく、仏教的な意味で罪深い凡人をさす。 **〔あくにんしょうき〕**

生得観念

東西東西

文人墨客

大死一番

傍目八目

×しょうとくかんねん。人間が、経験や学習によって得るのではなく、生まれながらにして備えている観念。**〔せいとくかんねん〕**

×とうざいとうざい。興行などで、口上を述べる前に、客席に呼びかける言葉。最初の「東西」を「とざい」と発声する。**〔とざいとうざい〕**

×ぶんじんぼっきゃく。詩文や書画などに優れ、風雅な遊びを好む人。**〔ぶんじんぼっかく〕**

×だいしいちばん。仏教語で、一度死んだつもりになって奮起すること。修行に徹する境地のこと。**〔たいしいちばん〕**

当事者よりも傍(はた)で見ている者のほうが、物事のよしあしがよくわかるという意。「岡目八目」とも書く。囲碁(いご)を端で見ていると、対局者よりも八目ほども先を読むことができるという意から。**〔おかめはちもく〕**

大人なら正しく読みたい「慣用句」

血肉となる

経験や知識が自分のものとなること。「血肉化する」も「けつにくかする」と読む。 **〈けつにくとなる〉**

手を束ねる

腕組みをすること。問題が起きているのに、なすすべもなく何もしないさま。「束ねる」は、ふつうは「たばねる」と読むが、この語では「つかねる」と読む。 **〈てをつかねる〉**

体を成さない

形にならない。他に「体のいい言葉」「体よく断る」は「てい」と読む。 **〈ていをなさない〉**

腸が腐る

腹のなかの臓器が腐るという意味で、そこから性根が腐っているさま。 **〈はらわたがくさる〉**

面を上げる

顔を上げること。 **〈おもてをあげる〉**

顔を汚す
面目（めんぼく）を失わせ、恥をかかせること。「手を汚す」（悪事をおかすこと）も「よごす」と読むが、「名を汚す」は「けがす」と読む。
〈かおをよごす〉

歯に衣着せない
相手に遠慮せず、思っていることを包み隠さず言うこと。「歯に衣着せない物言い」など。
〈はにきぬきせない〉

身を粉にする
労苦をいとわず、力を尽くす。「身を粉にして働く」など。×こなにする。
〈みをこにする〉

夜を徹して
一晩中眠らずに。「夜を徹して作業する」など。
〈よをてっして〉

益もない
無駄である。「益もない話」など。
〈やくもない〉

粋を集める
すぐれたものを集める。「現代美術の粋を集める」など。
〈すいをあつめる〉

なす術がない
方法（術）がなく、困り果てているさま。
〈なすすべがない〉

主ある花〔ぬしあるはな〕

決まった男性のいる若い女性。

神に入る〔しんにいる〕

人間業とは思えないほど、技術などがすぐれているさま。成句では「入る」を「はいる」ではなく、「いる」と読むことが多い。「神に入った腕前」など。

この世の外〔このよのほか〕

あの世のこと。「この世の外の者」は幽霊のこと。

何人たりとも〔なんぴとたりとも〕

誰であっても。

習い性となる〔ならい・せいとなる〕

身についた習慣は、生まれつきの性質と同じようになるという意。

量がいく〔はかがいく〕

仕事などがはかどるさま。「量（はか）」は、もとは分担範囲を意味し、そこから仕事の進み具合を意味するようになった。

世の例

世のならい。世間で一般的に行われていること。

〔よのためし〕

緒に就く

物事が始まって軌道に乗りはじめ、見通しがつくこと。「緒」は「いとぐち」という意味で「しょ」と読むのが正しい。

〔しょにつく〕

頭を垂れる

頭を下げること。

〔こうべをたれる〕

後生畏る可し

後から生まれてくる者は、新しい知識を身につけるので、侮(あなど)ってはいけないという意。

〔こうせいおそるべし〕

目に一丁字も無い

文字がまったく読めないこと。「一丁字」は一つの文字という意味。×いっちょうじ。

〔めにいっていじもない〕

二世の契り

現世、そして来世も夫婦であろうという誓い。この「二世」は現世と来世のことなので「せ」と読む。

〔にせのちぎり〕

九字を切る

身を守るため、九字のまじないをする。

〔くじをきる〕

黒白を争う〔こくびゃくをあらそう〕
事の是非、正邪をはっきりさせる。「黒白をつける」ともいう。

極印を押される〔ごくいんをおされる〕
動かしがたい証拠。江戸時代、「極印」は、小判などの品質を保証するために捺(お)す焼き印。「悪徳商人の極印を押される」など。

死児の齢を数える〔しじのよわいをかぞえる〕
死んだ子が生きていればいくつかと数えるように、無益なこと。

縁も縁もない〔えんもゆかりもない〕
まったく関係がない。「縁も縁もない話」など。

現を抜かす〔うつつをぬかす〕
ある物事に熱中し、他のことに心が行かなくなるさま。「うつつ」は「現」の訓読みの一つで、「現実」や「心が正常な状態」を意味する。

筆を揮う
書や画を書くこと。「揮う」は振り動かすという意味。「健

止めを刺す
外方を向く
曲がない
形を変う
水草生う

筆を揮う」は、達者に文章を書くこと。〔ふでをふるう〕

息の根を完全に止めること。なお、「止める」には、「とめる」「とどめる」「やめる」の三通りの読み方がある。〔とどめをさす〕

別の方向を見る。協調しないで無視する。〔そっぽをむく〕

型どおりで、面白みがないさま。この「曲」は、変化によって得られる妙味といった意味。それが「ない」ことから、面白みがないという意に。〔きょくがない〕

姿かたちを変えることから、出家するという意。一方、「形を改める」は姿勢を正す、態度を改めるという意味で、出家するという意味には使われない。〔かたちをかう〕

水温（ぬる）む季節に、池や沼に水草が生えてくるさま。「生う」を「おう」と読む春の季語。〔みずくさおう〕

末期の水

人が死のうとするとき、その人の口にふくませる水。「末期」は臨終のこと。この語では「まっき」と読まない。〔まつごのみず〕

這う這うの体

散々な目にあい、その場を逃げだすさま。這い出さんばかりであることから、「這う這う」となった。〔ほうほうのてい〕

管を巻く

酔っ払って、くだらない話を繰り返すこと。この「管」は、糸巻車の小さな軸のこと。〔くだをまく〕

二進も三進も

行き詰まり、どうにも身動きのとれないさま。算盤（そろばん）の割り算から出た言葉。〔にっちもさっちも〕

由らしむべし

「ただ、従わせればよい」という意。「民は之に由らしむべし、之を知らしむべからず」という成句に登場し、この成句は、人民には、理由や意図を説明する必要はなく、ただ従わせればよい、という意。〔よらしむべし〕

口吻を洩らす

気持ちがそれとなくわかるような物言いをする。「口吻」は、言いぶりという意。

〔こうふんをもらす〕

寂として声なし

音がまったくない状態。ひっそりと静かなさま。この「寂」を「じゃく」と読むのは、よくある誤読。

〔せきとしてこえなし〕

能う限り

「能う」は「なしうる」という意味で、「能う限り」は「できるかぎりという意。「能う限りの援助はしたいと思います」など。

〔あたうかぎり〕

一を以て万を知る

一部を見て全体を察し得る。この「万」は全体、すべてという意味で、数を表してるわけではないので「まん」とは読まない。

〔いちをもってばんをしる〕

万止むを得ず

どうにも、しかたがなく。これも「まん」とは読まない。「外圧で辞めるのなら、万止むを得ずということで格好がつく」など。

〔ばんやむをえず〕

大人なら正しく読みたい「故事成句」

登竜門

困難だが、そこを突破すれば、立身出世できる関門。中国黄河の「竜門」を登った鯉（こい）は竜になるという伝説から。×とりゅうもん。

〈とうりゅうもん〉

兄弟は手足たり

兄弟は、自分の手足のように、かけがえのない存在であるという意。×きょうだいはてあしたり。

〈けいていはしゅそくたり〉

君子は器ならず

君子の器量はきわめて広く、一つの技、一つの芸に偏（かたよ）ることがないということ。×うつわ。

〈くんしはきならず〉

危急存亡の秋

生き残れるかどうかの瀬戸際。重大な「とき」を示す場合、「秋」は「とき」と読む。「決戦の秋」も「とき」と読む。

〈ききゅうそんぼうのとき〉

一場の夢

決河の勢い

出師の表

青天の霹靂

烏合の衆

その場（一場）だけで、消え去る夢のような、はかない栄華。「バブル時代は一場の夢だった」など。×いちば。**〔いちじょうのゆめ〕**

決潰した堤防から河水が流れ出すような激しい勢い。「決河の勢いで攻め込む」など。×けつが。**〔けっかのいきおい〕**

蜀の軍師諸葛孔明は、出兵にあたって、忠誠心あふれる名文を認めた。そこから、「出師」（出兵）の大義名分を書き著した文章のこと。**〔すいしのひょう〕**

晴れ渡った青空（青天）から、突然雷（霹靂）が落ちてくるという意で、突然の大事件や事故が起き、衝撃を受けることのたとえ。**〔せいてんのへきれき〕**

烏の集まりということで、数は多いが、まとまりがなく役に立たない人々の集まりをたとえた言葉。**〔うごうのしゅう〕**

黄泉の客

髀肉の嘆

瓜田に履を納れず

砂上の楼閣

「黄泉」は地下にある泉、そこから死の国を表すようになった。「黄泉の客」は、そこに向かう者のことであり、死者のこと。

〈よみのきゃく〉

「髀」は太もものこと。中国の三国時代、劉備（りゅうび）が戦場に出向くことがなく、髀に無駄な肉がついたと嘆（なげ）いたことから、活躍の機会にめぐまれない無念さをいう。

〈ひにくのたん〉

疑われるような真似はしないほうがいいことのたとえ。瓜畑でしゃがんでくつを直そうとすると、瓜を盗んでいるように思われかねないことから。「李下（りか）に冠（かんむり）を正さず」も同じ意味。

〈かでんにくつをいれず〉

砂の上に建物を建てたところで、もろい建物にしかならないことから、長続きしないことや実現不可能なことのたとえ。「砂上の楼閣のような計画」など。

〈さじょうのろうかく〉

鼎の軽重を問う

千里の行も足下に始まる

天上天下唯我独尊

四大空に帰す

楚（そ）の王が周（しゅう）を軽んじ、周室の宝器である鼎の軽重を問うたという故事から。統治者の実力を疑って、その地位をくつがえそうとすること。今は「鼎の軽重を問われるような事態」と受け身の形で使うことが多い。

〈かなえのけいちょうをとう〉

『老子』にある言葉で、大事業も手近なことを実行するところから始まるという意。「千里の行」は千里の道のりも、という意味なので「こう」と読む。

〈せんりのこうもそっかにはじまる〉

お釈迦様が生まれたときに唱えたとされる言葉。

〈てんじょうてんげゆいがどくそん〉

死ぬこと。「四大」は地水火風のことで、それが「空に帰す」（消滅するという意）ように、という意。

〈しだいくうにきす〉

大人なら正しく読みたい「ことわざ」

金の草鞋で探す

根気よく探すさま。金(かね)（鉄製）の草鞋なら、いくら歩いてもすりきれないことから。これは「かね」と読み、「きん」は×。

〔かねのわらじでさがす〕

土一升金一升

土地の値段がひじょうに高いことのたとえ。×きんいっしょう。

〔つちいっしょうかねいっしょう〕

金が敵の世の中

トラブルや悩みなど、世の中の面倒事の大半は、金が原因であり、金は敵(かたき)のようなものであるという意味。×てき。

〔かねがかたきのよのなか〕

虎を野に放つ

この「虎」は、危険な人物、実力のある人物のたとえであり、そうした人を自由にさせること。この「野」は「の」と読む。×やに放つ。

〔とらをのにはなつ〕

命あっての物種

何事も生きていて初めてできる。また、何事も死んでしまえば意味がないということ。

〔いのちあってのものだね〕

魚心あれば水心あり

相手が好意をもてば、こちらもそれに応ずるもの、という意。今は「うおごころ」と読む人が多いが、本来は「うお・こころ」のように区切って読むのが正しい。

〔うお・こころあれば・みず・こころあり〕

産屋の風邪は一生つく

赤ん坊に風邪をひかせると、その子は一生、体が弱い子になるという意味。

〔うぶやのかぜはいっしょうつく〕

陸へ上がった河童

苦手な環境では、有能な者も力を発揮できないこと。水中を得意とする河童が、陸へ上がると無力になることから。×りく。

〔おかへあがったかっぱ〕

人の噂も七十五日

ひとしきり話題になっても、やがて忘れられることのたとえ。「七十五日」は一つの季節の長さを表す。×ななじゅうごにち。

〔ひとのうわさもしちじゅうごにち〕

KAWADE
夢文庫

読めそうでギリギリ読めない漢字

二〇二一年五月三〇日　初版発行

著　者…………日本語倶楽部［編］
企画・編集……夢の設計社
東京都新宿区山吹町二六一〒162-0801
☎〇三―三二六七―七八五一（編集）
発行者…………小野寺優
発行所…………河出書房新社
東京都渋谷区千駄ヶ谷二―三二―二〒151-0051
☎〇三―三四〇四―一二〇一（営業）
http://www.kawade.co.jp/
装　幀…………こやまたかこ
印刷・製本……中央精版印刷株式会社
DTP…………アルファヴィル
Printed in Japan ISBN978-4-309-48565-2